Festas do Bixiga

CB139413

CONSELHO EDITORIAL
Ana Paula Torres Megiani
Eunice Ostrensky
Haroldo Ceravolo Sereza
Joana Monteleone
Maria Luiza Ferreira de Oliveira
Ruy Braga

Fábio Molinari Bitelli

Festas do Bixiga

Hospitalidade, sociabilidade e comensalidade no espaço público urbano

alameda

Copyright © 2021 Fábio Molinari Bitelli

Grafia atualizada segundo o Acordo Ortográfico da Língua Portuguesa de 1990, que entrou em vigor no Brasil em 2009.

Edição: Haroldo Ceravolo Sereza e Joana Monteleone
Editora assistente: Danielly de Jesus Teles
Projeto gráfico, diagramação e capa: Danielly de Jesus Teles
Assistente acadêmica: Tamara Santos
Revisão: Alexandra Colontini
Imagem da capa: *Bloco Esfarrapados, Carnaval no Bixiga*, Fábio Bitelli, 2019

CIP-BRASIL. CATALOGAÇÃO NA PUBLICAÇÃO
SINDICATO NACIONAL DOS EDITORES DE LIVROS, RJ

B536f

Bitelli, Fábio Molinari
Festas do Bixiga : hospitalidade, sociabilidade e comensalidade no espaço público urbano / Fábio Molinari Bitelli. - 1. ed. - São Paulo : Alameda, 2021.

182 p. ; 21 cm.
Inclui bibliografia
ISBN 978-65-86081-35-0

1. Bela Vista (São Paulo, SP) - História. 2. Patrimônio cultural - São Paulo (SP). 3. Espaços públicos - São Paulo (SP). 4. Cultura popular - Brasil. I. Título.

20-66467 CDD: 306.098161
CDU: 316.7:394.48(815.6)

ALAMEDA CASA EDITORIAL
Rua 13 de Maio, 353 – Bela Vista
CEP 01327-000 – São Paulo, SP
Tel. (11) 3012-2403
www.alamedaeditorial.com.br

Ao Paulo, meu companheiro de vida
Aos meus pais, por todo amor
À minha irmã Carla, que sempre acreditou

SUMÁRIO

PREFÁCIO

A forma como cada sociedade trata o seu passado e sua maneira de ser no tempo encontram-se associadas ao patrimônio e às manifestações culturais, por vezes, valorizados como recursos para o desenvolvimento econômico de uma localidade.

O sentido de pertença atribuído pelo morador ao patrimônio e o receio de seu desaparecimento tornam compreensível a valorização da memória e da preservação no atual contexto de imposição de uma nova temporalidade urbana, que compromete a pluralidade e desvaloriza histórias, memórias, formas de viver, de pensar e de sentir a cidade (HURLEY, 2010; REIS, 2012).

Crucial para a coesão social e cultural de uma sociedade, a memória é polifônica, apoia-se em lugares, personagens, eventos, celebrações, marcos desaparecidos e diferentes atores sociais (HUYSSEN, 2004). Essa dependência da memória de suportes exteriores e referenciais tangíveis associa-se à sua inserção na prática social, o lugar de memória é simultaneamente matricial, simbólico e funcional (NORA, 1993, p. 27).

O território é denso de memórias, pormenores, indícios, resíduos e dados marginais, que necessita ser reconstruído para se dotar de sentido. A tematização da memória implica em refletir sobre como o passado é montado e como é usado, bem como sobre como o patrimônio é construído e mobilizado, tendo em vista a sua ligação com o território e com a identidade, sua importância na cultura e nas políticas públicas (HARTOG, 2006).

Atualmente constata-se a proliferação de memórias, ampliação e mudanças significativas do campo do patrimônio cultural (CHUVA, 2012). Convite à rememoração, o patrimônio requer políticas de conservação, reabilitação e comemoração para dotar e manter sua visibilidade (HARTOG, 2006, p. 266). Indexador do passado, o patrimônio converte-se à evocação nostálgica conservada no ambiente material que nos circunda, presente nos monumentos, esculturas, obeliscos etc. (SANTIAGO JÚNIOR, 2018).

A ausência de lugares de patrimônio não impede a construção de uma identidade fundamentada em uma história, essa é inventada e passa a organizar o passado e a conferir-lhe legitimidade. Por sua vez, verifica-se a valorização do memorial em detrimento ao monumento, cujo princípio é o de manter viva e transmitir determinada memória (HARTOG, 2006).

Anico (2005, p. 93) assinala o desenvolvimento de uma indústria da nostalgia que resgata, idealiza, romantiza e, por vezes, inventa o passado, além de contemplar nesse processo a "patrimonialização da cultura". Nesse sentido, a construção de referentes simbólicos resulta da valorização dessas memórias e do patrimônio local com o propósito de evitar o esquecimento ou de o colocar a serviço do desenvolvimento econômico. O êxito requer a observância aos critérios de autenticidade e de tradição, valorizados pelos protagonistas do consumo cultural.

O livro de Fábio Molinari Bitelli explora as manifestações culturais desenvolvidas no espaço público, descortina seu caráter multiétnico e constrói narrativas em conjunto com participantes ativos e moradores do Bixiga. Nesse sentido, não se restringe à valorização da imigração italiana representada na arquitetura e nas cantinas, celebrada nas festas tradicionais e eventos que reiteram essa memória.

Avança e discorre sobre o significado social de manifestações culturais populares e espontâneas, potencializadoras de situações de pertencimento, sociabilidade e acolhimento. A partir de um conjunto maior identificado, centra-se no ensaio da Escola de Samba Vai-Vai, no Bolo de aniversário da cidade de São Paulo e na Festa da Nossa Senhora Achiropita e os analisa como lugar de hospitalidade, também incorporando à abordagem a hospitalidade urbana para compreender a dinâmica e a vitalidade de uso do espaço público do Bixiga por diferentes sujeitos.

Boa leitura!

Sênia Bastos

Referências

CHUVA, M. Introdução: História e patrimônio: entre o risco e o traço, a trama. *Revista do Patrimônio Histórico e Artístico Nacional*, 2012. v. 34, p. 11-24.

HARTOG, F. Tempo e Patrimônio. *Varia Historia*, 2006. v. 22, n. 36, p. 261–273. Disponível em: <http://www.scielo.br/pdf/vh/v22n36/v22n36a02.pdf>.

HURLEY, A. *Beyond Preservation: Using Public History to Revitalize Inner Cities*. [S.l.]: [s.n.], 2010.

HUYSSEN, A. Resistencia a la Memoria: los usos y abusos del olvido público. *Intercom*, 2004. n. 2000, p. 1-16.

NORA, P. Entre memória e história: a problemática dos lugares. *Projeto História*, 1993. v. 10, p. 7-28.

REIS, J. C. O tempo histórico como "representação intelectual". *Revista do Patrimônio Histórico e Artístico Nacional*, 2012, v. 34, p. 45–61.

SANTIAGO JÚNIOR, F. Das C. F. do. O campo cinematográfico apropriando-se da história pública. In: ALMEIDA, J.; MENESES, S. (Org.). *História pública em debate. Patrimônio, educação e mediações do passado*. São Paulo: Letra e Voz, 2018, p. 51-74.

INTRODUÇÃO

Vários são os motivos pelos quais o bairro do Bixiga se tornou um destino que recebe significativo fluxo de visitantes na cidade de São Paulo, seja em virtude das cantinas italianas localizadas à rua Treze de Maio, da feira de antiguidades na Praça Dom Orione, dos teatros, das padarias italianas centenárias ou, mais recentemente, das barbearias, dos espaços culturais, do samba de rua ou casas noturnas.

Originalmente ocupado por negros e imigrantes, a apresentação de suas características iniciais que datam dos primeiros anos do século XX estão contextualizadas à realidade urbana da cidade de São Paulo que despontava para a metrópole que é hoje. Cercado por rios e córregos, a área de várzea foi ocupada por ex-escravos negros e posteriormente, com o loteamento e arruamento, recebeu grande contingente de imigrantes (principalmente italianos), salientando sua formação multiétnica. A população atual é constituída predominantemente pelos descendentes dessas etnias (negros e italianos), bem como de migrantes, sobretudo oriundos da região nordeste do Brasil.

Ao longo dos anos, o Bixiga (ou Bexiga) teve o nome alterado para Bela Vista, passou por transformações viárias, tenta conservar (na medida do possível) o seu patrimônio arquitetônico, mas inegavelmente mantém viva a sua diversidade étnica, tradição festiva e cultural a partir de inúmeras manifestações que ocorrem dentro de seus limites.

Não há uma demarcação oficial do território chamado Bixiga, está inserido no distrito Bela Vista, parte da subprefeitura da Sé juntamente com outros sete distritos.[1] O bairro Bela Vista tem a maior densidade demográfica da cidade de São Paulo (69.460 habitantes em 2,6 km^2 ou 26,7 habitantes/m^2), sendo o terceiro menor bairro em área e o primeiro em população absoluta (IBGE, 2010).

A arquitetura do distrito Bela Vista é destaque. De acordo com o estudo do Programa Patrimônio e Referências Culturais nas Subprefeituras realizado pelo Departamento de Patrimônio Histórico (DPH) da cidade de São Paulo (SÃO PAULO, 2008-2009, atualização 2010-2013), mais de 675 bens entre imóveis isolados e conjuntos arquitetônicos foram tombados pelo Conselho Municipal de Preservação do Patrimônio Histórico, Cultural e Ambiental da Cidade de São Paulo (CONPRESP) – Resolução nº 22/2002 de 10 de dezembro de 2002.[2] Alguns imóveis emblemáticos estão localizados na região compreendida como Bixiga, e são eles: o Teatro Oficina, a Vila Itororó, a Casa da Dona Yayá, Teatro Brasileiro de Comédia (TBC) e a Escadaria que liga o Bixiga ao Morro dos Ingleses, apontando para importância do bairro na conservação dos monumentos arquitetônicos e históricos da cidade de São Paulo.

Ao longo de cada ano, suas ruas são cenários espontâneos de algumas festas e manifestações culturais populares que imprimem vitalidade à cidade. Desse modo, já no primeiro mês do ano, precisamente no dia 25 de janeiro, comemora-se em uma das princi-

---

1 A subprefeitura da Sé integra os distritos Bela Vista, Sé, República, Bom Retiro, Cambuci, Consolação, Liberdade e Santa Cecília.

2 A resolução com a relação dos imóveis e bens tombados encontra-se disponível em http://www.prefeitura.sp.gov.br/cidade/upload/49c99_22_T_Bairro_da_Bela_Vista.pdf.

pais ruas do bairro (avenida Rui Barbosa), o aniversário da cidade de São Paulo. Alguns meses que antecedem o carnaval, a Vai-Vai (Grêmio Recreativo Cultural Social Escola de Samba - GRCSES) promove seus ensaios não em um barracão, como é comum nas diversas escolas de samba paulistanas, mas sim no entroncamento de três ruas do Bixiga: Cardeal Leme, Luis Granato e São Vicente. O profano e o sagrado se alternam em dois períodos distintos. Desde 1947, na segunda-feira de Carnaval, sai às ruas o Bloco do Esfarrapado, reconhecidamente o mais antigo da cidade. Durante todo o mês de agosto, dois quarteirões da rua Treze de Maio e mais trechos das ruas Luis Barreto e São Vicente são fechadas para a festa que homenageia a santa italiana da região da Calábria, a Nossa Senhora Achiropita.

O aprofundamento nessas manifestações culturais sugere a relevância em investigá-las, dado que ocorrem no espaço público do bairro, destacando-o na cidade. Ademais, o que se pretendeu com esse estudo foi identificar a percepção do acolhimento, da sociabilidade e da comensalidade - tratados como dimensões da hospitalidade - para o sucesso desses eventos incorporados à cultura da cidade: apropriados, renovados e possivelmente transformados em tradição festiva paulistana. A dinâmica destas manifestações culturais que ocorrem na rua - nesse caso foram elencadas a Festa da Nossa Senhora Achiropita, os ensaios da Escola de Samba Vai-Vai e a festa de aniversário da cidade de São Paulo, de um conjunto mais amplo - soma-se à sua posição consolidada como destino gastronômico, em virtude da concentração de cantinas e padarias italianas.

Fatores como a impossibilidade de alteração das edificações, decorrente do tombamento dos imóveis em 2002, dificultaram uma possível renovação arquitetônica: os imóveis sublocados foram convertidos em pensões ou permaneceram como cortiços, contribuindo para a permanência e adensamento da área. Por meio do trabalho de campo e da vivência, que envolve a observação *in loco*, percebeu-se que os moradores, confinados em áreas restritas, utilizam-se do espaço público em suas práticas cotidianas de socialização e lazer.

Sendo essa uma população tão diversificada em origem e influências, constituem elementos decisivos para a construção do *corpus documental*, mediante a realização de entrevistas com sujeitos participantes de atividades ali realizadas, por meio da adoção da metodologia de história oral para a investigação ora proposta, principalmente devido à disponibilidade de fontes orais e ausência de documentos referenciais.

Logo, percebeu-se que o bairro possui desde a sua formação, diversidade étnica que pode ser percebida no surgimento de manifestações culturais na rua e por seus referenciais populares. As atividades realizadas no seu espaço público são apoiadas na tradição festiva das comunidades predominantes que conviviam, e convivem, nesse espaço antes mesmo da divisão do território em glebas para construção civil, fato contemporâneo à chegada dos imigrantes italianos (LUCENA, 1983; MARZOLA, 1985; CASTRO, 2008). Essa combinação sociocultural entre negros, imigrantes e migrantes colabora para que o bairro se consolide como um local de acolhimento, coexistindo permanências e renovação no uso do espaço público, apoiados pelo encontro e a consequente proximidade, pontua-se também a necessidade do espaço físico, tratado aqui como lugar de hospitalidade. Espaço que pode ser doméstico, comercial ou público, sendo este último, o cenário desta pesquisa.

Portanto, entendendo o espaço público do Bixiga como local de sociabilidade, de acolhimento e compreendido como um lugar de hospitalidade (BAPTISTA, 2002, 2008), também se utilizou dos estudos de Grinover (2009, 2013, 2016) sobre hospitalidade urbana mediante categorias como a acessibilidade, identidade, cidadania e legibilidade.

Montandon (2011) e Camargo (2003) desenvolvem os conceitos e os tempos da hospitalidade (os atos de receber, hospedar, alimentar e entreter), ações identificadas na descrição de Léonard-Roques (2011) que ilustra a presença da hospitalidade na Antiguidade e Grassi (2011) com os conceitos etimológicos de *hospitem, hospes, hostis* e *hostire*, origem do termo hospitalidade. Lashley (2004) e Camargo (2004) relacionam em seus estudos os domínios da hospitalidade que são vividas nas esferas social/pública, doméstica/privada e comercial.

Fundamentada nesses autores, a pesquisa concentra-se na esfera social/pública e mediante a abordagem do acolhimento (RAFFESTIN, 1997; BAPTISTA, 2002; BINET-MONTANDON, 2011), sociabilidade (SIMMEL, 1983; CETRULO, 1999; FRÚGOLI JR., 2007) e comensalidade (FERNANDES, 1997; SELWYN, 2004; BOUTAUD, 2011), compreendidos como dimensões da hospitalidade, pretendem responder à seguinte questão: por que a dinâmica do espaço público do bairro do Bixiga permite tanto a vitalidade de seu uso por diferentes sujeitos quanto a permanência e renovação das manifestações culturais ali realizadas?

Essa questão conduziu o desenvolvimento deste estudo, cujo objetivo primário foi entender as dinâmicas das manifestações culturais que se desenvolvem no espaço público do bairro do Bixiga à luz de algumas das dimensões da hospitalidade: acolhimento, sociabilidade e comensalidade. Para esse fim, seguiu-se pelas seguintes ações: (I) inventariar e mapear as manifestações culturais realizadas no espaço público do bairro; (II) selecionar e analisar três manifestações culturais; (III) discutir algumas dimensões da hospitalidade (acolhimento, comensalidade e sociabilidade), uma para cada manifestação cultural selecionada; (IV) entrevistar os diferentes sujeitos que participam e/ou organizam tais manifestações culturais, bem como aqueles que contribuem para a memória do bairro.

Dada a característica da pesquisa qualitativa, a produção do conhecimento é compartilhada entre o pesquisador e os sujeitos da pesquisa - reconhecendo que "a focalização prematura do problema e a adoção de um quadro teórico *a priori* turvam a visão do pesquisador, levando-o a desconsiderar aspectos importantes que não se encaixam na teoria e a fazer interpretações distorcidas dos fenômenos estudados" (ALVES-MAZZOTTI; GEWANDSZNAJDER, 1998, p. 148). Tais argumentos são considerados na construção da pesquisa em questão já que tanto os planos menos estruturados ajustam-se às realidades pouco conhecidas, quanto o planejamento demasiadamente estruturado pode se caracterizar como perda de tempo. Exemplos são, respectivamente, o caso dos estudos relacionados com a história de vida dos sujeitos e os estudos já realizados sobre a origem e construção social do bairro.

O *corpus* de entrevistados foi composto por sete pessoas, elencadas entre moradores que guardam a memória do bairro, participantes ou organizadores das manifestações que reconhecidamente ajudam a construir ou que vivenciam a cultura festiva do bairro.

A utilização dos depoimentos coletados e transcritos, definido como *corpus documental* dessa pesquisa, foram incorporados ao longo da confecção do texto destacados em itálico, permitiu o preenchimento das lacunas de informações, colaborando para o entendimento de questões que surgiram no decorrer da sua elaboração. Registros fotográficos realizados simultaneamente às visitas de campo e observação *in loco*, endossaram principalmente a ocupação e uso do espaço público durante as manifestações pesquisadas.

O primeiro capítulo reconstrói a história, a formação social e territorial do bairro. Considerando suas peculiaridades, ênfase foi dada à quatro aspectos: (I) diversidade étnica que caracteriza sua ocupação; (II) formato de moradia e estrutura arquitetônica; (III) demarcação da área compreendida como Bixiga por meio do olhar dos depoentes; e, (IV) associação da imagem de Adoniran Barbosa ao bairro.

O segundo capítulo elucida os fundamentos da hospitalidade, considerando os estudos e conteúdos mais relevantes para a área e para o objeto da pesquisa, como os conceitos de lugar de hospitalidade e de hospitalidade urbana. A escolha do espaço público como cenário das manifestações culturais que ocorrem no bairro Bixiga e a análise através das dimensões da hospitalidade favoreceu a eleição de três das manifestações culturais inventariadas ao longo da investigação para uma tratativa aprofundada do acolhimento, sociabilidade e comensalidade.

O terceiro e último capítulo trata das dimensões da hospitalidade utilizadas para analisar e discutir três das manifestações culturais que ocorrem no bairro: (I) o ensaio da Escola de Samba Vai-Vai com o acolhimento dos sujeitos desecendentes dos grupos formadores que colaboraram para a origem da escola e aqueles que parmaneceram nesse território; (II) festa da Nossa Senhora Achiropita analisada a partir da comensalidade; e, (III) bolo de aniversário da cidade de São Paulo diante da associação com os conceitos de sociabilidade.

Capítulo 1
BAIRRO DO BIXIGA

> *Paixão, não é? O Bixiga é apaixonante. Faz 50 anos, praticamente, que eu moro aqui, e é o lugar que eu quero ficar até o fim da minha vida, porque não dá vontade de sair. Meu filho falou: "Pai, agora você está precisando de uma casa sem escada", mas como eu vou sair daqui?* (Entrevistado 5, entrevista concedida em junho de 2016).

O capítulo sistematiza a história e a formação territorial do bairro, pois em consonância temporal com a cidade de São Paulo, sua composição contribui para entender o que ocorre dentro do seu espaço. Considerando suas peculiaridades, ênfase foi dada para alguns aspectos além da sua origem: (I) diversidade étnica que caracteriza sua ocupação; (II) formato de moradia; (III) demarcação da área compreendida como Bixiga por meio do olhar dos depoentes; e, (IV) associação da imagem de Adoniran Barbosa ao bairro.

Origem de um bairro

De localização central e confinado entre terrenos alagadiços, várzeas de rios e propriedades rurais utilizadas como hospedagem, loteadas em meio a outros bairros de urbanização anterior, tem-se o surgimento tardio do bairro do Bixiga.

Está inserido no distrito Bela Vista, que faz parte da subprefeitura da Sé (mapa 1) e incorpora a maior densidade demográfica da cidade de São Paulo (69.460 habitantes em 2,6 km^2), também o terceiro menor bairro em área e o maior em população absoluta (IBGE, 2010).

Mapa 1: Município de São Paulo com divisões das Subprefeituras e Distritos – Subprefeitura da Sé indicada com o número 9

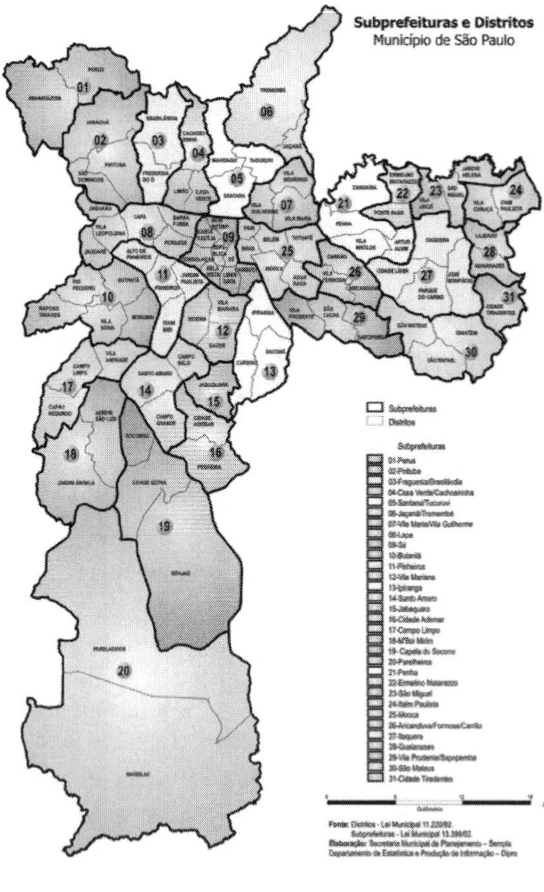

Fonte: Secretaria Municipal de Planejamento – SEMPLA, Departamento de Estatística e Produção de Informação - DIPRO (1992)

A história do Bixiga converge com o período de maior expansão do município de São Paulo. O loteamento remonta ao ano de 1878 (com ato público de lançamento do bairro datado de 01 de outubro desse mesmo ano), transformando em bairro as várzeas que já serviam como lugar de caça, abrigo de escravos fugidos e moradia de pessoas portadoras de varíola. Nas propriedades ali reunidas destacavam-se importantes pousos para tropeiros, em virtude do caminho que ligava a capital à cidade de Santos (LANNA, 2011; LUCENA, 1983; MARZOLA, 1985).

Muitas são as teorias limítrofes da área chamada Bixiga. O mapa 2 datado de 1850 traz a nome Bexiga (Campos do Bexiga) - vide detalhe ampliado mapa 3 - entretanto foi a partir de 1878 que anúncios começaram a ser publicados no jornal *A Província de São Paulo*, fazendo menção aos "magníficos terrenos às braças ou em grandes lotes, com pastos ou mattas, à vontade do comprador. [...] dentro da cidade, água corrente em diversas fontes, lindos golpes de vista para bonitas chácaras [...] a preços baratíssimos" (LUCENA, 1984, p. 51).

De propriedade do português Antonio Bexiga, a grande área de chácaras ou os campos do Bexiga "tinham como limites a baixada do Piques, da atual rua Santo Amaro estendendo-se até as proximidades da Consolação de um lado e a Brigadeiro [Luís Antônio] do outro, prolongando-se até o espigão da atual avenida Paulista" (LUCENA, 1984, p. 29).

Mapa 2: Mapa da cidade de São Paulo datado de 1850

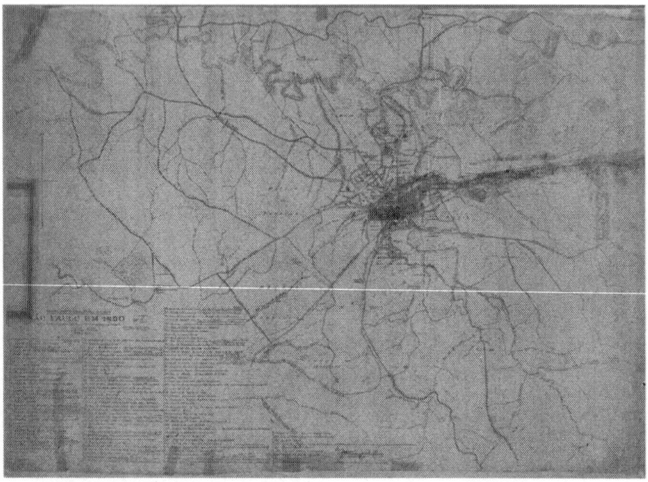

Fonte: Instituto Geográfico Cartográfico – IGC, Arquivo Público do Estado de São Paulo (1937), reprodução do original de 1850

Mapa 3: Detalhe do mapa da cidade de São Paulo datado de 1850 com menção aos Campos do Bexiga

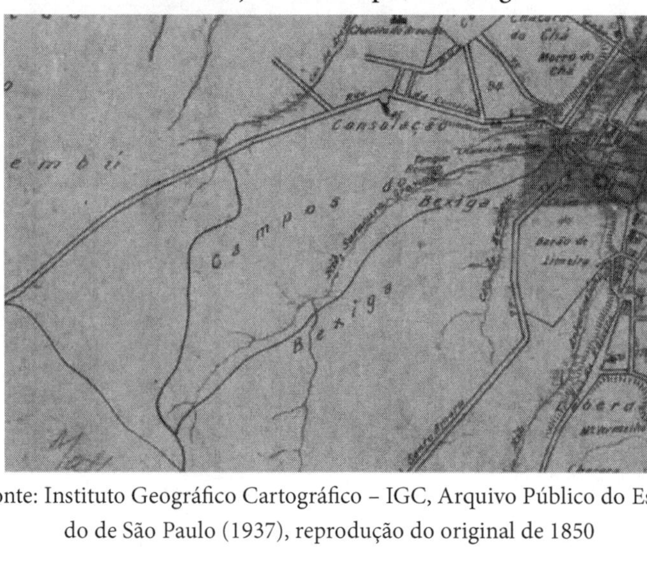

Fonte: Instituto Geográfico Cartográfico – IGC, Arquivo Público do Estado de São Paulo (1937), reprodução do original de 1850

Sant'anna (1937 apud MARZOLA, 1985, p. 34) descreve a localização da chácara de Antonio Bexiga:

> A chácara do Bexiga ficava a sudoeste do que se convencionou chamar, em princípio do século XIX, de "Cidade Nova". Ladeavam-na as vias públicas de Santo Amaro e da Consolação. Na área compreendida por essas duas vias, prolongando-se para o fundo na direção do espigão da atual Av. Paulista, existiam apenas campos, vales e colinas.

Nessa mesma direção, Cirrincione (2010) entende o Bixiga como a região do bairro delimitada pelas avenidas Nove de Julho e Brigadeiro Luis Antonio e ruas Maria Paula e Cardeal Leme.

Para Scarlato (2011, p. 118) em 1910 o Bixiga já estava caracterizado como um bairro italiano. Em 1912, quando passou a ser chamado Bela Vista: "[...] as antigas plantas da cidade ainda reservaram o nome Bexiga para designar as áreas compreendidas entre a Praça das Bandeiras (antigo Piques) e as encostas do Morro dos Ingleses, já chamadas de Bela Vista".

Em entrevista realizada por Dick (1995) para a *Revista do Instituto de Estudos Brasileiros*, Maria Paula Puglisi circunscreve um "triângulo" delimitador:

> [...] o Bixiga, mais ou menos, é a praça 14-Bis, vamos delimitar assim: praça 14-Bis, Brigadeiro Luís Antônio, tô pondo os limites pra você, mais ou menos, entendeu? Rua Augusta..., sabe, vamos fazer um triângulo, entendeu? Brigadeiro Luís Antônio, 14-Bis [...] e Santo Antonio, que faz o triângulo (DICK, 1995, p. 3).

Santos (2010) em sua dissertação de mestrado em Geografia, cujo tema foi a oferta gastronômica do bairro, descreve a dificuldade encontrada para a delimitação, bem como suas múltiplas apropriações:

> [...] dividir o atual distrito da Bela Vista em dois espaços gastronômicos distintos: Bexiga e Bela Vista, tornou-se um procedimento difícil, já que do ponto de vista da divisão administrativa da cidade estamos falando de um espaço social que historicamente foi se transformando em outros, e que do ponto de vista das identidades é um bairro que, devido às permanentes mudanças do espaço, acolhe múltiplas identidades (SANTOS, 2010, p. 70).

O Conselho Municipal de Preservação do Patrimônio Histórico, Cultural e Ambiental da Cidade de São Paulo (CONPRESP) delimitou a "Área do Bexiga" no artigo 2º da Resolução nº 22/2002 (CONPRESP, 2002, p. 1-2):

> **I. Área do Bexiga**: Delimitada pelo polígono obtido a partir da intersecção das seguintes vias:
>
> 1. Rua São Vicente;
> 2. Rua Luiz Barreto;
> 3. Rua Santo Antonio;
> 4. Avenida Radial Leste – Oeste;
> 5. Avenida Nove de Julho;
> 6. Rua Martinho Prado;
> 7. Rua Santo Antonio;
> 8. Rua Conselheiro Ramalho;

9. Rua Doutor Ricardo Batista;
10. Rua Major Diogo;
11. Rua São Domingos;
12. Rua da Abolição;
13. Rua Com. José Xavier Gouveia;
14. Rua Japurá;
15. Rua Dr. N. E. Natividade;
16. Rua Santo Amaro;
17. Viaduto Júlio de Mesquita Filho;
18. Rua Major Diogo;
19. Avenida Brigadeiro Luiz Antonio;
20. Rua dos Ingleses;
21. Rua dos Holandeses;
22. Rua dos Franceses;
23. Alameda Joaquim Eugênio de Lima;
24. Alameda Ribeirão Preto;
25. Rua Almirante Marques Leão;
26. Rua Santo Antonio.

Esse conjunto de ruas colabora para endossar o território que, também no senso comum, é chamado de Bixiga. O documento justifica o tombamento com sete principais argumentos que necessariamente o bairro deve apresentar: a) a importância histórica e urbanística na construção da cidade de São Paulo, "sendo um dos poucos bairros paulistanos que ainda guardam inalteradas as características originais do seu traçado urbano e parcelamento do solo"; b) sobressai-se elementos urbanos agregadores, como ruas, praças, largos, escadaria etc., "com interesse de preservação seja pelo seu valor cultural, ambiental, afetivo e/ ou turístico"; c) preservação geomorfológica original que proporciona o entendimento da estruturação inicial do bairro; d) ocupação atual caracterizada pelo uso misto (residencial, cultural e comercial); e) "a vocação do bairro e o seu grande potencial turístico de âmbito nacional"; f) permanência da sua população como manutenção da identidade do bairro; g) a conservação dos bens citados no caso de futuras propostas de melhorias e uso do bairro (CONPRESP, 2002, p. 1).

Mapa 4: Demarcação do polígono oficial Bela Vista (sombreada) e as ruas citadas no tombamento Resolução 22/2002 (CONPRESP, 2002)

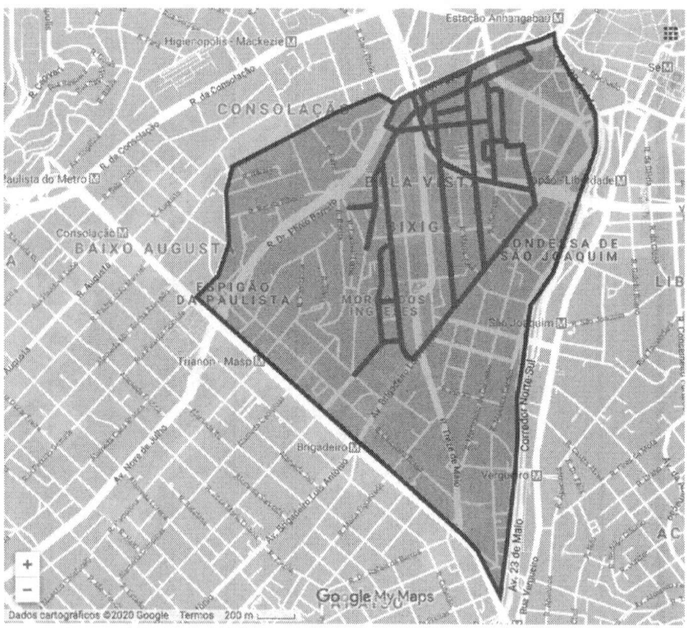

Fonte: o autor (2017)

Além da delimitação desse espaço, o tombamento definiu dentro do bairro Bela Vista alguns elementos constituidores do ambiente urbano incluídos nos seguintes itens: Praça Amadeu Amaral; Praça Dom Orione; Escadaria das ruas Treze de Maio e dos Ingleses; Encostas e Muros de Arrimo da rua Almirante Marques Leão; Arcos da rua Jandaia; Vila Itororó e Área da Grota". Alguns desses elementos urbanos encontram-se dentro da área delimitada como Bixiga, tanto no documento, quanto nos apontamentos de outros autores.

De acordo com Bastos (2007, p. 6) além do potencial turístico como elemento justificador, destaca-se no bairro Bela Vista "a observação acerca da importância da manutenção do aspecto residencial para a permanência de sua identidade".

Historicamente, o território hoje correspondente à Bela Vista, foi construído às margens do ribeirão Saracura, do ribeirão do Bexiga, que margeava a oeste a atual rua Santo Amaro e a avenida Brigadeiro Luís Antônio, que desaguavam no ribeirão Anhangabaú, cujo limite natural do bairro ao sul é o espigão no qual hoje encontramos a avenida Paulista (SANTOS, 2011; CASTRO, 2008).

A avenida Nove de Julho, inaugurada em 25 de janeiro de 1941 e que delimita um dos lados do Bixiga, inicialmente foi chamada de Anhangabaú, talvez pelo curso natural do rio Saracura desaguar no vale de mesmo nome que nesse momento já havia sido soterrado e transformado em parque, Reis Filho (1994, p. 203) descreve pormenorizadamente sua implantação:

> Ao se iniciarem as obras, a região do Saracura, acima da Rua Quirino de Andrade, era uma grota profunda, uma ravina semi-abandonada. No século XIX, no local onde hoje está o Viaduto Martinho Prado, existia o tanque Reúno ou Reiúno, que ajudava no abastecimento de água da cidade, servindo a regiões tão distantes como a do Jardim Luz. Mais para cima o vale era coberto de mata. Por volta de 1930, a parte mais baixa

> do vale, entre a Praça 14 Bis e o centro da cidade, era cercada, em boa parte de sua extensão, por fundos de quintais. Era uma das áreas mais pobres do Bexiga, um fundo de quintal da cidade. Dos lados, as velhas casas com porões e puxados nos fundos, sobretudo na Rua Santo Antonio, ocupada por muitos cortiços.

Muito se tem falado sobre os rios que foram soterrados para a abertura de vias que cortaram o bairro: sobre o rio Saracura a avenida Nove de Julho e sobre o Itororó a avenida 23 de Maio. Esses rios foram mapeados e destacados pelo Projeto Cidade Azul,[1] áudio guias são dispostos em pontos da cidade e a intervenção de adesivos indicativos do curso pluvial com o nomes dos rios são adicionados às placas das ruas por onde percorrem (figura 1). No mapa 5, relativo ao recorte da região do bairro Bela Vista, há identificação dos rios Itororó e Saracura que delimitam a área chamada de Bixiga.

1 Organização voluntária que tem como objetivo identificar por meio de intervenções visuais, os rios que estão "invisiveis" na cidade de São Paulo, trazendo informação e conscientização para a população da metrópole. Fonte: www.cidadeazul.org

Figura 1: Adesivo informativo sobre o curso do rio Saracura na placa de identificação da Rua Rocha

Fonte: o autor (2016)

É fato que uma das características marcantes da formação geográfica da cidade de São Paulo é a quantidade de rios e córregos localizados em seu território: o ribeirão Bexiga, desaguava no Saracura, afluente do Anhangabaú, que por sua vez levava até o rio Tamanduateí, que desaguaria no maior de todos, o Tietê, formando com este e com o rio Pinheiros uma rede hidrográfica.

Mapa 5: Mapeamento dos rios soterrados no bairro Bela Vista

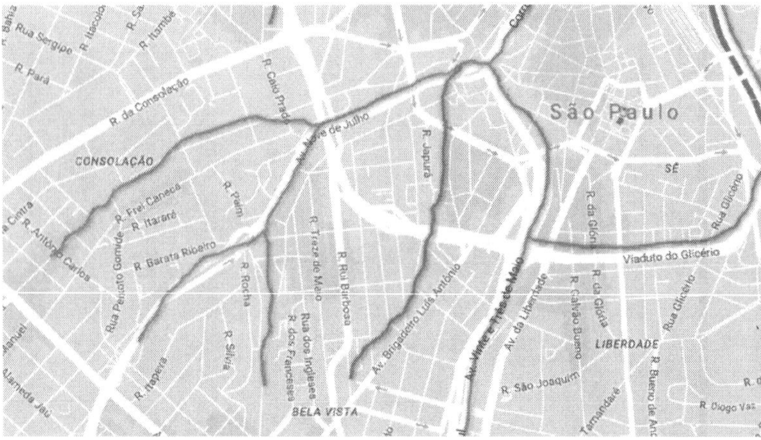

Fonte: www.cidadeazul.org. Acesso realizado em 12/08/2016

Grünspun (1979, p. 50) em suas memórias sobre o período de 1930 em que viveu no bairro "sentia que o Bexiga era uma pobre ilha rodeada de riquezas por todos os lados". Observando a localização do bairro da Bela Vista, e refletindo sob a ótica de Frúgoli Jr. (2006), a paisagem da Bela Vista sofre influência de duas centralidades diferentes, pois ela é um dos elos entre o centro moderno representado pelo centro histórico da cidade e o centro renovado, representado pela avenida Paulista. O que cada uma dessas centralidades representa são os processos produtivos registrados historicamente em momentos diferentes, o que interfere na paisagem do bairro, e que expressa essas diferenças na sua constituição e ocupação urbana.

No início dos anos de 1890 a cidade de São Paulo contava com 65 mil habitantes para totalizar, transcorridos apenas três anos, 130 mil, o que resultou em amplas mudanças em seu território e economia. Essa taxa de crescimento permanece, para alcançar 900 mil habitantes nos 40 anos seguintes, configurando-a como o centro de uma grande região produtiva:

> A base da economia já não era apenas a comercialização da produção agrícola do estado mas também a de sua produção industrial. São Paulo havia se transformado em um centro industrial. Contava com um grande sistema ferroviário e, a partir de 1922, com rodovias que davam acesso fácil às novas regiões, permitindo o escoamento de sua produção e distribuição de produtos industriais. A cidade impunha-se como um pólo de produção, de distribuição industrial e de comércio (REIS FILHO, 2004, p. 141).

Neste recorte temporal, o Brasil foi marcado pelo processo imigratório, recebendo grande contingente de europeus. "A província de São Paulo foi destino de muitos imigrantes, quer em direção às fazendas produtoras de café, localizadas no interior, quer pelas potencialidades existentes na sua capital" (BASTOS, 2003, p. 73).

Lanna (2011, p. 117) ao analisar a constituição do bairro do Bixiga, identificou a forte presença dos imigrantes italianos originários principalmente do sul da Itália, que "fizeram da cidade seu destino primeiro e preferencial, conferindo ao bairro uma identidade decorrente da predominância de suas atividades e controles exercidos sobre elas". Tal grupo de italianos que ali se estabeleceu era denominado "calabreses", oriundos de três regiões do sul da Itália: Campânia, Basilicata e Calábria, regiões essas com antiga tradição de deslocamentos sazonais para o trabalho e, no geral, não integravam os grupos subvencionados inicialmente pelo governo federal e em seguida pelo governo paulista como mão de obra, direcionados às áreas produtoras de café no interior desse estado (LANNA, 2011, p. 117).

Quanto às regiões de origem e a preferência dos imigrantes pelos centros urbanos, Trento (1989, p. 59-60) esclarece em seu estudo sobre os italianos no Brasil que:

> Os vênetos e os lombardos, que constituíam o componente seguramente camponês, sofrem uma queda na participação na emigração, enquanto se mantêm estacionários piemonteses, lígures e toda a Itália central. Cresce, ao contrário, de maneira visível, a participação meridional: todas as regiões, exceto Abruzos e Sardenha, conhecem aumentos significativos e, em alguns casos (Sicília, mas, sobretudo, Calábria), até mesmo notáveis. A maior participação do sul tende a demonstrar a diferente composição profissional: de fato, é sabido que os meridionais emigravam preferencialmente sem família e privilegiavam as ocupações urbanas.

Em 1890, milhares desses imigrantes que chegavam a São Paulo estabeleceram-se na chácara do português Antonio Leite Braga, que loteou sua propriedade em glebas compreendidas entre as ruas Treze de Maio, Abolição, Brigadeiro Luís Antônio e Santo Antonio (LANNA, 2011; MARZOLA, 1985; LUCENA, 1983). Para Lanna (2011), a rápida formação de patrimônio imobiliário pelos imigrantes indica que chegaram ao Brasil com algum recurso financeiro, e por conta disso:

> A sua presença pode ser entendida como elemento agregador e referencial na constituição de redes de acolhimento para os milhares de imigrantes que chegaram em São Paulo no início do século XX, e que fariam do Bexiga um bairro italiano, um bairro calabrês (LANNA, 2011, p. 122).

Ainda houve destaque de Lanna (2011) em três características sobre esses imigrantes, sua fixação e construção do bairro em questão: (I) o fato de não integrarem o contingente de imigrantes subvencionados não os associou à produção rural de café; (II) a maioria dos imigrantes eram homens, jovens e viajavam sozinhos. Mas "o viajar sozinho" não anula a participação familiar na decisão, prova e consequência disso são os vínculos que se mantem com o país de origem e as futuras correntes emigratórias; e, (III) os milhares de italianos que se dirigiram ao Bixiga, constituíam um grupo diversificado, desde trabalhadores agrícolas até pequenos proprietários: "Essa diversidade de origens e condições sociais marcará os arranjos, organizações e possibilidades de inserção destes grupos na América" (LANNA, 2011, p. 120), enfatizando que apesar de diversificado, houve a tendência de eles tendem a migrarem para cidades ou regiões com o intuito de se aproximarem dos grupos oriundos das mesmas comunidades.

Formação e diversidade étnica

Há na literatura que trata o Bixiga como objeto de estudo central, ênfase nas suas formações territorial, populacional e origem do seu nome. Tratando dos grupos formadores, Lucena (1983) e Castro (2008) por exemplo, contrapõem a tônica discursiva de que o bairro do Bixiga tenha sido formado exclusivamente pela população oriunda da Europa, denominada como Grande Imigração, incluem em seus estudos a presença de outro contingente populacional do bairro: negros e mulatos.

Ao final do século XIX, questões como a pressão abolicionista interna, fugas e alto custo na transação de escravos entre províncias, passaram a inviabilizar a mão de obra escrava, culminando na utilização de trabalhadores livres. Assim sendo, os cafeicultores paulistas, com o argumento de despreparo dos nacionais, optaram pela introdução de estrangeiros. Nesse momento, a Itália, imersa na crise econômica, se mostrou apropriada para dar fluxo a esse movimento migratório, também estimulado pelo governo, que pressionado pelos cafeicultores, subsidiou a chegada de imigrantes europeus em larga escala (ROLNIK, 1994):

> Em 1881, o governo começou a pagar metade dos custos de transporte, da Europa até as fazendas; em 1884, reembolsou integralmente os fazendeiros pelo pagamento que faziam das passagens e, em 1885, três anos antes da abolição, passou a subsidiar diretamente o custo de transporte dos imigrantes. [...] O medo gerado pela ameaça das epidemias, especialmente a da febre amarela, reduziu drasticamente o número de imigrantes. Entre 1890 e 1899, cerca de 120 mil imigrantes chegavam ao Brasil a cada ano. Entre 1900 e 1904, as entradas anuais caíram para 50 mil (ROLNIK, 1994, p. 38-39).

O cenário da imigração no Brasil no fim do século XIX e início do século XX está instaurado em um momento único da história brasileira: o fim do escravismo, o declínio da monarquia, o início da República (com a política do "café com leite" e do coronelismo) e o forte povoamento dos centros urbanos:

> Os imigrantes que não se adaptaram ao trabalho no campo foram para as cidades, somando-se aos poucos que tinham vindo diretamente para elas. Essas cidades ganharam importância e atingiram níveis de urbanização até então desconhecidos. A experiência dos imigrantes foi fundamental e o Brasil passou a um processo de modernização sem volta, ainda que dependente de um motor instável: a lavoura cafeeira (ROCHA, 2007, p. 34).

Fernandes (2008, p. 30-31) recorre historicamente à revolução abolicionista, força sustentada pela elite, proprietária de escravos e em declínio de sua produção econômica, visualizando a libertação dos escravos como uma forma de livrarem-se das despesas para mantê-los improdutivos. Nesse período, meados do século XIX, São Paulo ingressava no rol das cidades que participavam da economia do Brasil (juntamente com Rio de Janeiro, Recife e São Salvador), porém à medida em que essa nova ordem social se desenvolvia, o liberto encontrava escassas possibilidades de se entrosar compensadoramente aos trabalhos disponíveis.

> [...] os dados sugerem que em 1872 existiam 5.761 pardos livres e 2.090 negros livres, para 950 pardos escravos e 2.878 negros escravos; e que, em 1886, para 593 escravos, tínhamos 6.450 pardos livres e 3.825 negros livres. Contudo, as mesmas fontes que fornecem esses dados indicam que as oportunidades de trabalho desfrutadas pelos libertos eram as mais modestas e menos compensadoras (FERNANDES, 2008, p. 33).

A expansão urbana converteu a cidade de São Paulo, induzida direta ou indiretamente pelo surto da lavoura cafeeira, numa cidade de imigrantes. De acordo com os dados demográficos relativos ao início do século XIX onde "o elemento negro e mulato, escravo ou livre, constituía aproximadamente 54% da população local" (FERNANDES, 2008, p. 36-37):

> A situação demográfica se alterou de tal modo no ultimo quartel desse século, que o elemento negro e mulato entrava com 37% (censo de 1872) e 21,5% (censo de 1886) da população

> global da cidade, enquanto os "estrangeiros" passam de 922 indivíduos (ou 3%), em 1854, para 12.085 indivíduos (ou 25%) em 1886. Nessa data, portanto, os imigrantes radicados na cidade excediam em 1.870 indivíduos (ou seja, em 3,9%) a parcela da população consignada no censo como "preta" e "parda"!

Ainda sobre a introdução do negro liberto na cidade de São Paulo (e no trabalho urbano), Fernandes (2008, p. 33) aponta para o destaque do imigrante europeu:

> No período em que as famílias dos fazendeiros paulistas começam a fixar residência em São Paulo e em que se acentua a diferenciação do sistema econômico da cidade, o liberto se defrontou com a competição do imigrante europeu, que não temia a degradação pelo confronto com o negro e absorveu, assim, as melhores oportunidades de trabalho livre e independente (mesmo as mais modestas, como a de engraxar sapatos, vender jornais ou verduras, transportar peixe ou outras utilidades, explorar o comércio de quinquilharias etc.).

Em meados de 1890, os preços internos e mundiais do café começaram a decair e, em 1902, os estoques mundiais eram os mais altos da história, algo próximo de atender a demanda mundial anual (STOLKE, 1986, p. 56). Contudo, com a crise do café, houve a diminuição significativa do fluxo imigratório e o crescimento da saída desses imigrantes em contingentes significativos. Nesse momento, o estado de São Paulo intensificou a imigração subsidiada para garantir que a saída não pressionasse os salários para cima, indicando a importância desse refluxo (ROCHA, 2007, p. 35).

Também nesse contexto político, econômico e social, o centro da cidade estava senda abandonado pelas elites, alterando seu caráter residencial para dar lugar à ocupação comercial, ainda aos fins do século XIX. Já na segunda década do século XX:

> [...] loteamentos residenciais exclusivos foram abertos, estabelecendo frentes de expansão para os bairros burgueses – os Jardins da *City Improvements Co*. Quando, nos anos 1930, a capacidade de rendimento do primeiro cinturão oeste (Centro Novo/Higienópolis) chegava no limite, foi reinvestida pelo uso vertical dos apartamentos. E a abertura da avenida Nove de Julho, parte do Plano de Avenidas de Prestes Maia, cuja implantação iniciou-se nos anos 1930 (ROLNIK, 1997, p. 186-187).

A região de várzea em volta do rio Saracura (hoje avenida Nove de Julho) abrigava escravos fugidos. Nesta mesma área, no início do XX, surgiram as habitações coletivas e instalou-se o cordão Vai-Vai da Saracura, mais tarde denominado Escola de Samba Vai-Vai (LUCENA, 1984; CASTRO, 2008; CIRRINCIONE, 2010).

Apontando para a fixação dessa população, Nascimento (2015, p. 104) relata:

> A região do Saracura em 1930, era alagadiça e, portanto, quanto mais baixo geograficamente era o terreno, menor era o valor imobiliário e maior era a quantidade de negros. Ou seja, os negros residiam na região alagadiça, mais abaixo, em lo-

> tes irregulares, e os imigrantes italianos, mesmo aqueles com uma situação econômica desfavorável, situaram-se nas áreas mais altas.

Durante entrevista com o membro da diretoria da Escola de Samba Vai-Vai foi relatado como a apropriação desse espaço ocorreu:

> *[...] e quando os italianos começaram a chegar aqui, nós já estávamos aqui. Aí, veio a cota. O que era nosso, foi passado para eles e nós só fomos ficando com nosso quilombo, porque aqui passava o rio, nossas bisavós lavavam roupa aqui embaixo. O rio Saracura passa bem aqui na porta. De vez em quando, ele enche aqui* (Entrevistado 7, entrevista concedida em junho de 2016).[2]

Pôde-se identificar a diversidade étnica, social e econômica também nos depoimentos de outros entrevistados:

> *Para integrar as pessoas mais pobres com as outras áreas mais abastadas, porque aqui é uma zona já chique* [se refere ao Morro dos Ingleses], *e o Bixiga todo mundo convive, há uma convivência perfeita aqui. Você vai na feira e encontra madame, como você encontra aquelas velhas italianas* (Entrevistado 5, entrevista concedida em junho de 2016).

2 Adotou-se o recurso itálico para diferenciar os depoimentos das referências bibliográficas.

> *[...] o Bixiga é incrível, maravilhoso, essa mistura. Eu acho que o Bixiga é isso: mistura. Sincretismo, porque tem a comunidade afro que se misturou, do candomblé, que se misturou com o catolicismo, e acho que isso só no Bixiga acontece, sabe? Não tem só coisas boas, mas isso é a coisa mais linda* (Entrevistada 3, entrevista concedida em junho de 2015).

Porém, foram os italianos que mais ativamente impuseram sua cultura e comportamento, relacionados às suas verdades, interesses e construção do modo de vida do bairro. Em 1910 reivindicaram a alteração do nome Bixiga para o oficial Bela Vista:

> Os italianos que moravam no bairro não se conformavam com a denominação Bexiga, ligada à ideia da doença que, durante séculos, fez muitas vítimas em São Paulo. Motivados pela vista deslumbrante de São Paulo que se enxergava do alto do Morro dos Ingleses, conseguiram a mudança do topônimo para Bela Vista. Suas reivindicações foram atendidas com a lei estadual 1242 de 26.12.1910, que desmembrou o Bexiga e a Bela Cintra do bairro da Consolação, e criou o único Distrito de Paz da Bela Vista (CIRRINCIONE, 2010, p. 62-63).

Marzola (1979, p. 37) revelou que o nome do bairro seria uma alusão aos portadores de varíola que se abrigavam na região. Ocorre que a doença era apelidada de "bexiga" e, durante os muitos surtos de varíola pelos quais a cidade passou, a população que tivesse algum contato com a doença era isolada nos bairros do Pacaembu ou na Bela Vista – que foi, então, apelidada de Bexiga. Lucena (1984, p. 32) também apresenta que a origem do nome está ligada à doença, "a moléstia da varíola, denominada "bexiga", amedrontava há longos anos a população da cidade de São Paulo. E é certo que na região dos Campos do Bexiga se localizavam os doentes atacados da varíola, como ocorria em todos os arrabaldes de São Paulo".

Um dos entrevistados associa a suposta origem do nome relacionando-a ao proprietário das terras, Antonio Bexiga:

> *[...] hoje o bairro é Bela Vista. Bixiga é por causa da doença da varíola, que ficou anos nesse bairro, e existem duas versões, e isso está contado dos antepassados e em livros também, porque os livros são escritos por alguém que passou e contou a história. Tem duas: ou era por causa da varíola, porque Antônio Bixiga que era dono de todo esse capão, que pegava Martim Prado, Consolação, Cesário Mota e vai até a Paulista, isso tudo era de um homem só, de um português. Ficou muitos anos com a doença e pegou o bairro todo. Ou também por conta das bexigas que eram vendidas, porque como era um comércio, inclusive de animais, especiarias e escravos, ficou essa história. O Bixiga é o nome do bairro por causa da doença, ou pelas bexigas? Até hoje ninguém decidiu. Toda vez que vocês forem procurar saber por que bairro Bixiga, vão encontrar as duas versões: Bixiga varíola, que é uma doença horrível – hoje graças a Deus tem uma vacina – já tem faz tempo, e ainda fica até a marca, as criancinhas tomam, e fica bem a varíola no braço, e Bixiga por causa dos tropeiros que vinham vender as bexigas deles* (Entrevistado 7, entrevista concedida em junho de 2016).

A pronúncia popular da linguagem "ítalo-brasileira", levou à grafia de Bixiga com i. Essa linguagem foi adotada por Alcântara Machado em seu livro modernista publicado em 1927: *Brás, Bexiga e Barra Funda* (bairros originalmente de imigrantes italianos); nele reproduziu o linguajar dos imigrantes italianos que diz muito sobre a identidade do bairro, exemplos dessa particularidade também se inscrevem na letras e músicas do artista/sambista Adoniran Barbosa, que embora não residisse no bairro, pertenceu à boemia e à representação de seus imigrantes italianos entre os anos de 1950 e 1970.

Para a implantação do Plano de Avenidas, elaborado pelo engenheiro, urbanista e então prefeito de São Paulo, Francisco Prestes Maia, executado entre os anos de 1938 e 1945, culminou em certa desvitalização dos bairros centrais, devido às construções de vias expressas, recortando-os a fim de favorecer os automóveis (um dos símbolos do progresso e poderio industrial nacional da época). O Plano identificou em fundos de vale, áreas alagadiças, de rios e de córregos, impróprias para construção civil, áreas passíveis de serem destinadas à criação de avenidas e de baixo custo com eventuais desocupações.

Espaço e moradia

Os recortes dos terrenos, estrutura das casas e formato das moradias são de interesse de pesquisadores das áreas de arquitetura, urbanismo e geografia, além daqueles que se voltaram para as áreas das ciências humanas e sociais aplicadas. Esses trabalhos colaboram para o entendimento de hábitos, pois influenciam no cotidiano do bairro, principalmente a partir dos grupos formadores.

Uma das ofertas de moradia e/ou hospedagem coletiva facilmente visível no bairro é o cortiço, já identificado no relatório de inspeção sanitária do distrito de Santa Ifigênia, também na região central de São Paulo, datado de 1893. Apontou a existência de sessenta cortiços para um total de 4.692 prédios no distrito. Rolnik (1997, p. 38) define o conceito de cortiço-pátio dentre os vários tipos de habitação encontrados:

> O cortiço ocupa comumente uma área no interior do quarteirão, quase sempre um quintal de um prédio onde há estabelecida uma venda ou tasca qualquer. Um portão lateral dá entrada por estreito e comprido corredor para um páteo de 3 a 4 metros de largo nos casos mais favorecidos. Para este páteo, ou área livre, se abrem as portas e janelas de pequenas casas enfileiradas, com o mesmo aspecto, a mesma construção, as mesmas divisões internas, a mesma capacidade. Raramente cada casinha tem mais de 3 metros de largura, 5 a 6 de fundo e altura de 3 a 3,5 metros.

Ainda de acordo com Rolnik (1997, p. 38), existem também o hotel cortiço, que serve como pensão de quartos coletivos para operários sem família; porões alugados para habitação; e "prédios de sobrado convertidos em cortiços por meio de divisão e subdivisões dos aposentos primitivos e os aposentos de aluguel no fundo de vendas, depósitos, cocheiras e estábulos".

Esse formato é detalhado por Lucena (2013, p. 84-85) como principal uso dos casarões em estilo italiano do Bixiga que, quando construídos (a partir do ano de 1914), eram subdivididos em inúmeras residências.

> O andar térreo era reservado ao proprietário da edificação, os pisos inferior e superior e "puxados" no fundo eram destinadas aos familiares e descendentes. Dessa maneira, multiplicaram-se os números de quartos, os casarões de estilo ita-

> liano ampliaram suas funções, dando origem aos cortiços. O próprio imigrante italiano, para obter um acréscimo no orçamento ou para melhorar sua sobrevivência, alugava alguns cômodos de sua casa. Dessa maneira, muitos imóveis nasceram como cortiços e outros se transformaram com o tempo nesse tipo de habitação [...].

O historiador Reis Filho (1994, p. 95) associa o surgimento dos cortiços foi provocado pela rápida mudança de função do antigo centro e destaca que alguns que tornaram-se famosos: "Na subida da Rua Santo Amaro, no Bexiga, existia um grande sobrado, que foi transformado em cortiço, conhecido como Vaticano" e outro denominado "Navio Parado da Bela Vista" caracterizado como gigantesco edifício com corredores externos, provavelmente um dos maiores cortiços da cidade de São Paulo, que foi demolido para a construção do Viaduto Jacareí (REIS FILHO, 1994, p. 97). Essa forma de habitação:

> [...] tinha à frente a aparência de uma residência simples, mas no interior do lote, havia uma série de cómodos abrindo para uma viela particular, que tinha ao fundo um pequeno largo, com instalações sanitárias e o tanque de lavar roupas [...] aproveitava em geral os terrenos dispostos em quarteirões irregulares, de muito fundo, com espaços maiores no interior das quadras. Dessa forma permitiam a obtenção de rendas elevadas (REIS FILHO, 1994, p. 97).

A mesma percepção sobre o tipo de moradia, ocupação, perfil e fluxo migratório dos italianos é posta por Lanna (2011, p. 120):

> No Brasil, o familismo e os vínculos de origem revelarão a possibilidade de múltiplos arranjos de moradia e organização dos espaços urbanos. Esta migração masculina e solitária será elemento fundamental para a manutenção dos vínculos atlânticos.

Ao longo dos anos 1930, com a intenção de descentralizar a vida comercial, ampliar a área central, distribuir a circulação de pessoas e redirecionar as correntes de passagem, houveram significativas alterações no espaço urbano da cidade de São Paulo que se estenderam também para os bairros mais afastados através das avenidas radiais e perimetrais (PAOLI; DUARTE, 2004, p. 67-68). Nesse período, o bairro do Bixiga sofreu desapropriações em decorrência do poder público, em percentual menor que outros bairros, mas não com menos impacto devido à densidade populacional. Dentre as modificações, "A primeira e mais visível foi o significativo esvaziamento populacional dos antigos bairros operários que circundavam o centro da Cidade: Brás (-15,5%), Mooca (-5,4%), Bom Retiro (-16,5%), Santa Ifigênia (-5,5%), Sé (-8,0%), Bela Vista (-3,5%), Liberdade (-0,5%)". (PAOLI; DUARTE, 2004, p. 69).

Paoli e Duarte (2004) também apresentam estudo realizado em 1941 pela Escola Livre de Sociologia e Política de São Paulo que tinha como objetivo o estudo das condições urbanas de moradia. Na pesquisa foram comparadas cem moradias de bairros pobres (Mooca, Canindé e Bixiga), com a mesma quantidade em bairros ricos (Higienópolis, Jardim América e Pacaembu) e através de inquérito, composto por 118 questões aplicadas aos moradores dessas residências, apresenta-se aqui os resultados relativos aos bairros de baixa renda, onde inclui-se o Bixiga:

> Das cem moradias pobres, 91 eram alugadas, sete eram próprias e duas cedidas por empréstimo de parentes e amigos. O número de cómodos, incluindo cozinhas particulares, era 2,5 por moradia. Foram encontrados seis casos em que quatro moradores dividiam um único cómodo; outros três casos com cinco moradores por cómodo; cinco casos com seis pessoas ocupando um cómodo; três casos com oito habitantes; outros três casos com nove moradores dividindo um único cómodo; e, por fim um caso onde onze pessoas dividiam o mesmo cómodo. [...] Em 55 dessas cem moradias, as famílias cozinhavam em fogão de tijolos, usavam carvão, lenha, gasolina, álcool ou querosene. [...] No bairro da Mooca, 32 famílias diferentes dividiam o mesmo banheiro; no Bexiga, 27; no Canindé, vinte (PAOLI; DUARTE, 2004, p. 69-70).

A atenção dada ao levantamento sanitário em 1891 descrito acima, observado por Rolnik (1997) e, em 1940, estudos sociológicos relativos às condições de vida e de moradia na cidade de São Paulo, descritos por Paoli e Duarte (2004), novamente se evidenciam em um projeto da Prefeitura de São Paulo, durante o governo de Luiza Erundina nos anos 1990, resultante da preocupação com os cortiços do Bixiga, de forma com que o bairro, que era um recorte entre o centro da cidade e a avenida Paulista, pudesse ser revitalizado e intregrado aos bairros vizinhos com soluções apresentadas mediante concurso realizado pela Empresa Municipal de Urbanização (EMURB) (RODRIGUES, 2007). São três momentos distintos, com intervalos de meio século – 1891, 1940 e 1990 – que confirmam a dificuldade na realização efetiva das melhorias aos problemas de moradia.

Em suma, Guzzo (2014) relata a realidade da moradia popular na cidade de São Paulo com enfoque nos bairros operários (e de imigrantes), no período de 1890 a 1940:

> As fontes sobre a moradia popular e operária acabaram por reiterar continuamente o alto custo e o baixo padrão habitacional da gente pobre e trabalhadora da Pauliceia que cresceu imensamente entre 1890 e 1940. Vilas, cortiços e porões – em geral, porões de velhos prédios usados para habitação de famílias operárias que possuíam, muitas vezes, piso de terra batida, com apenas uma abertura para entrada de seus habitantes e para iluminação e ventilação do local – permaneceram constantes na paisagem urbana paulistana da época (GUZZO, 2014, p. 72).

No levantamento dos concursos públicos com enfoque na revitalização de áreas e bairros da cidade de São Paulo, entre os anos de 1989 e 2004, Rodrigues (2007) relatou que um dos objetivos do concurso era solucionar justamente as habitações encortiçadas, onde os planos de convivência social e familiar saudável não eram atingidos. A ocupação destas habitações, muitas com valor histórico e arquitetônico, eram altamente rentáveis, pois se utilizavam de imóveis desvalorizados e apresentavam alto índice de permanência de seus moradores. Fato que, vinculado à expectativa de valorização da área pela expansão do centro tradicional contribuíram para a manutenção destas construções.

No ano de 1990, no decorrer do concurso, foram distribuídas 30 mil cartilhas (figura 2) que chamavam a população do bairro, através de consulta pública, à escolha de um dos três projetos apresentados. Os projetos participantes tinham como objetivo atender à solicitação da Prefeitura Municipal de São Paulo (e o escopo do concurso) que era a reconfiguração da área de forma que algumas propriedades subutilizadas dessem lugar a ocupações mistas (moradia, lazer e comércio).

Figura 2: Capa da cartilha distribuída pela Prefeitura Municipal de São Paulo aos moradores do Bixiga

Fonte: Prefeitura Municipal de São Paulo (1990)

Entretanto, com o projeto aprovado e a equipe vencedora contratada, de acordo com Rodrigues (2007, p. 95-96) o tombamento do bairro, já em andamento, pôs fim ao projeto:

> Enquanto este trabalho estava sendo desenvolvido [o projeto final], o CONPRESP (Conselho Municipal de Preservação do Patrimônio Histórico, Cultural e Ambiental da Cidade de São Paulo) instaurou o processo de tombamento do bairro da Bela Vista (Bexiga - processo 90/11), com os limites que haviam sido definidos para o concurso. A instauração do processo de tombamento "congelou" o bairro até a efetivação do tombamento, o que ocorreu somente em 2002. Esta situação impediu qualquer intervenção legal nas áreas sem a aprovação do CONPRESP, o que invalidaria a lei de operação urbana do Bexiga, se ela tivesse sido aprovada. Na prática, toda e qualquer modificação no bairro deveria seguir as diretrizes do CONPRESP e não da EMURB.

Depois das fracassadas tentativas de renovação, o que se nota são movimentos isolados, caso a restauração da Vila Itororó (inaugurada em 1922 – figura 3), área que conta com várias casas e que se transformou em cortiço em meados de 1950 após a morte do construtor e proprietário sem herdeiros Francisco de Castro. Chegou a abrigar até trezentas pessoas antes das obras de restauro, que teve início em 2013 e, a partir de abril de 2015 com objetivo de envolver a comunidade, abriu um de seus galpões oferecendo cursos profissionalizantes e atividades de lazer, identificado como Canteiro Aberto e Projeto FabLab[3] da Vila Itororó, possibilitando inclusive visitas às obras.

3 Projeto realizado em parceria entre a Secretaria Municipal de Cultura de São Paulo e Instituto Pedra com objetivo de potencializar a ocupação com diversos formatos e preservar o patrimônio histórico, arquitetônico e cultural. Fonte: http://vilaitororo.org.br

Figura 3: Casarão principal que integra a Vila Itororó, durante as obras de restauração

Fonte: o autor (2016)

Na figura 3 observa-se o casarão principal situado na área central do terreno não contribui para qualquer movimento arquitetônico da época, considerando que seu idealizador e construtor utilizou fragmentos de demolições para a composição da obra. As demais casas que fazem parte do conjunto também passam por restauro com o objetivo de compor o projeto final, transformando-as em espaços de cultura, educação e lazer.

Percebe-se que o viver em cortiços nunca foi uma escolha e sim a opção possível, considerando a difícil condição de vida urbana para alguns grupos sociais e um assunto de discussão constante há algumas décadas. É fato que o bairro segue com sua vocação e a permanência dos cortiços influencia diretamente no modo de vida e cultura de seus moradores, e à resistência na prática comercial imposta pela especulação imobiliária.

Delimitação do bairro: entrevistados

Para colaborar no entendimento da área compreendida como Bixiga, foi solicitada tal demarcação aos entrevistados, considerando a experiência individual do sujeito, cujo instrumento utilizado foi um mapa impresso com o território oficial do bairro Bela Vista aplicado durante a realização da entrevista.

Aqui apresenta-se o resultado desta aplicação de forma a compreender tais demarcações, analisá-las considerando seu conteúdo, integrando-o ao discurso produzido pelos sujeitos, buscou-se com isso vincular a realidade de cada entrevistado com sua percepção sobre a territorialidade ali praticada.

O mapa 6 aplicado ao entrevistado 5, morador do bairro há 47 anos, corresponde ao maior polígono dentre os cinco mapas coletados. Essa ampliação da área foi identificada por meio de sua história de vida, memória e depoimento. O entrevistado sempre residiu no Morro dos Ingleses, região onde historicamente não haviam cortiços e era considerado pelos moradores do baixio como ascensão social; e, por ser ator (e o bairro ter sido considerado por muito tempo como a *Broadway* paulistana) considerou em sua demarcação os teatros que ainda estão em funcionamento. Soma-se a isso, um trecho do seu depoimento:

> *As fronteiras do Bixiga, ninguém sabe exatamente quais são, mas eu diria que essa encosta, por exemplo, a rua do Maria Della Costa, que é a Rua Paim, tinha o teatro, aí aqui é 9 de Julho [...], Avanhandava, a 9 de Julho é a que separa um pouco isso. Acho que o Bixiga vem só até a Paulista para mim. [...] a Brigadeiro está aqui, a João Passalaqua, Maria José, Conselheiro Ramalho, Conselheiro Carrão, Maria José, Fortaleza e Santo Antônio (certamente), aqui para mim já*

é o começo do Bixiga. Agora, eu estou querendo procurar, tem um pedaço aqui que está faltando, que é onde tem a Vila Itororó (Entrevistado 5, entrevista concedida em junho de 2016).

Mapa 6: Demarcação da área compreendida como Bixiga realizada pelo entrevistado 5 em 29/06/2016

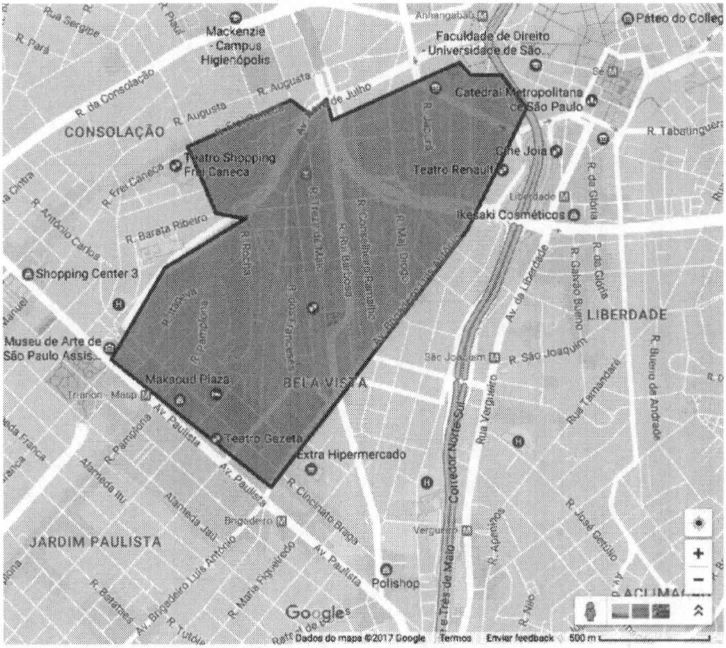

Fonte: o autor (2017)

O entrevistado 1 foi outro informante convidado a contribuir com seu depoimento, seja pela sua participação como empresário (proprietário de tradicionais cantinas localizadas no bairro), seja pela sua atuação como incentivador-criador de manifestações culturais tradicionais como o bolo de aniversário da cidade. A demarcação apresentada por ele (mapa 7), considera a rua Treze de Maio como epicentro da área considerada Bixiga e mesmo sendo a segunda menor área demarcada pelos entrevistados abrange todas as manifestações culturais inventariadas neste estudo e apresentadas nos próximos capítulos.

Mapa 7: Demarcação da área compreendida como Bixiga realizada pelo entrevistado 1 em 26/06/2015

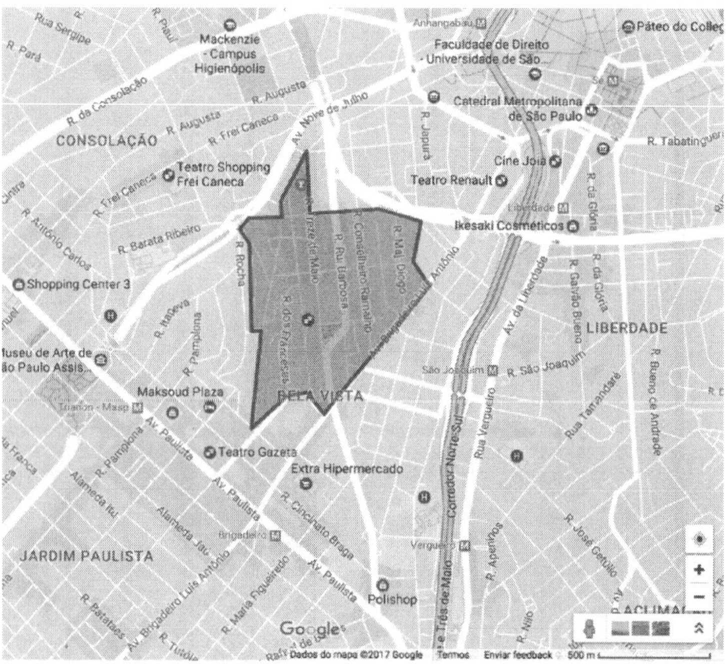

Fonte: o autor (2017)

Já a entrevistada 2, delimitou no mapa 8 um polígono maior que o do pai (entrevistado 1), agregando o trecho da rua Paim, que foi separada pela avenida Nove de Julho e pela demarcação oficial do bairro Bela Vista, também excluiu parcialmente o Morro dos Ingleses pertencente ao bairro nos documentos e estudos consultados, apresentados na construção de seu histórico.

Mapa 8: Demarcação da área compreendida como Bixiga realizada pela entrevistada 2 em 26/06/2015

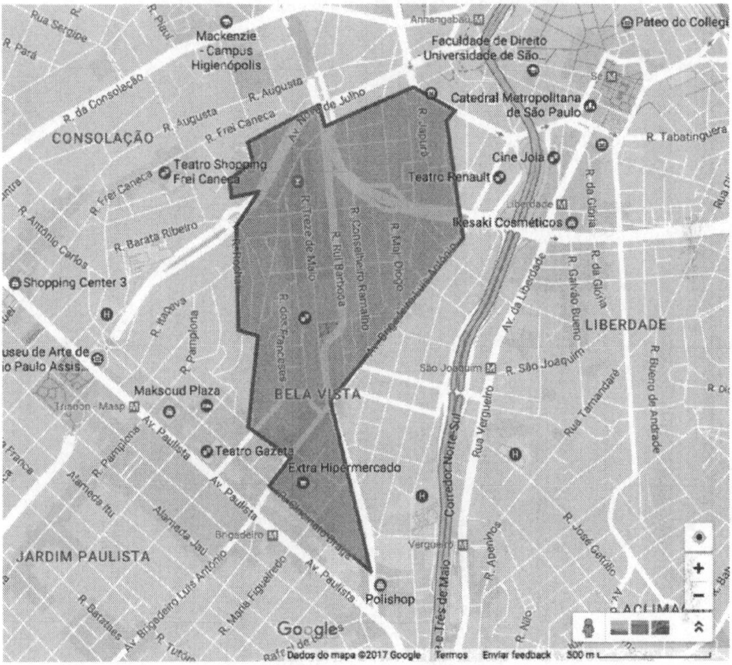

Fonte: o autor (2017)

Os limites demarcados no mapa 9 são o de menor área, demarcado pelo entrevistado 7, contempla exclusivamente a região de várzea do hoje soterrado rio Saracura (baixios do bairro), área onde houveram os primeiros habitantes, onde estabeleceu-se a sede e abriga os ensaios da Escola, localizada na confluência das ruas Cardeal Leme e Dr. Lourenço Granato. Em seu depoimento o entrevistado menciona a área como sendo o território Bixiga de origem e permanência do povo negro desde antes da chegada dos imigrantes, período que culminou no loteamento do bairro.

Mapa 9: Demarcação da área compreendida como Bixiga realizada pelo entrevistado 7 em 26/07/2016

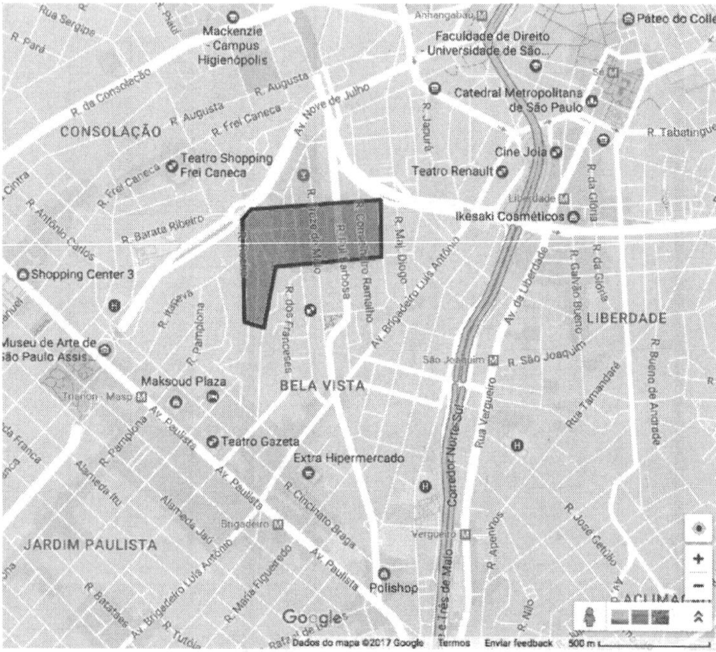

Fonte: o autor (2017)

Em sua demarcação, a entrevistada 6, integrante da diretoria da Escola de Samba Vai-Vai, contemplou área mais abrangente entendida como Bixiga (mapa 10), agregando inclusive a rua Paim que anterior à construção da avenida Nove de julho e Praça 14 Bis fazia ligação direta com a rua Rocha (antiga rua Saracura).

Mapa 10: Demarcação da área compreendida como Bixiga realizada pela entrevistada 6 em 26/07/2016

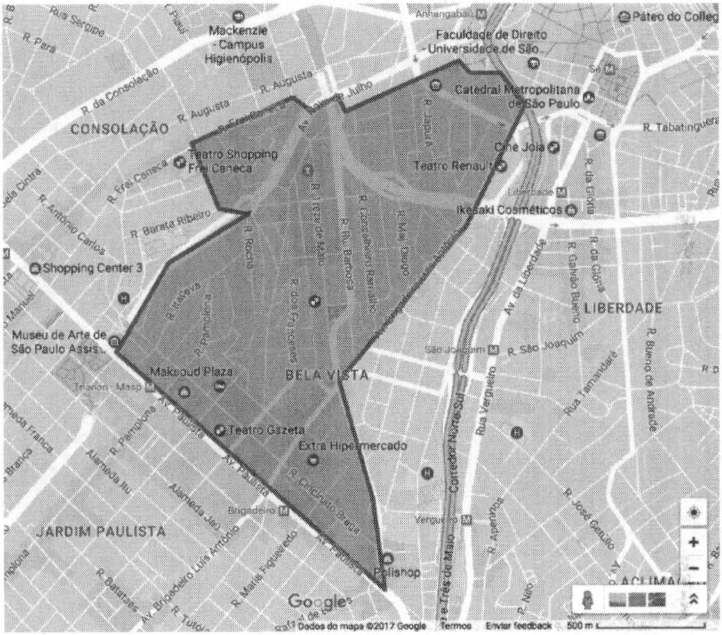

Fonte: o autor (2017)

O mapa 11 apresenta de forma consolidada e sobreposta a demarcação de cada um dos cinco entrevistados, bem como a área sublinhada na cor azul escuro que indica a delimitação oficial do bairro Bela Vista nos documentos municipais. Ao observar, evidencia-se que embora sejam consideradas as diferentes (e divergentes) marcações dos entrevistados, a área entendida como Bixiga unanimamente está contemplada dentro dos limites do Bela Vista, apontando para o fato de tal designação seja comumente utilizada pela população ao indicar o bairro.

Mapa 11: Demarcações em camadas sobrepostas de todos os entrevistados e área oficial Bela Vista (polígono maior)

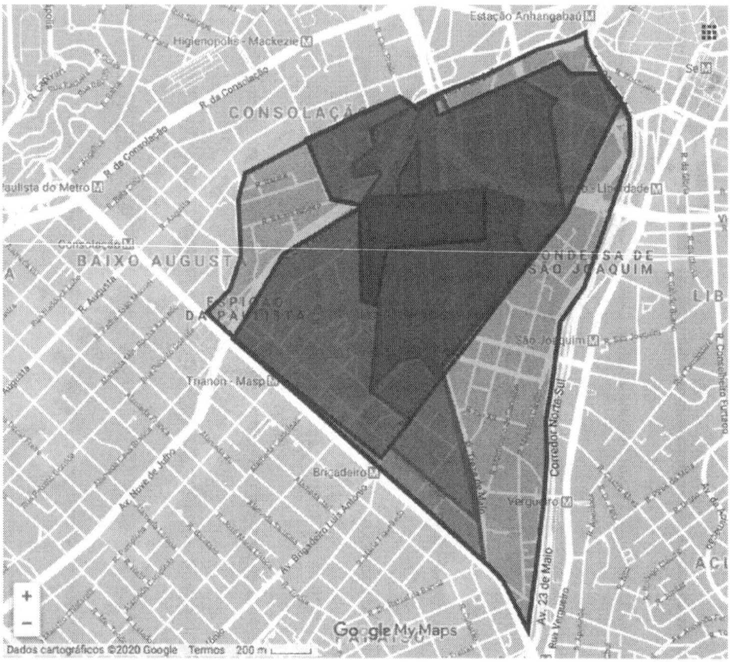

Fonte: o autor (2017)

Ademais, para fins de análise mais detalhada a tabela 1 traz os limites, as dimensões e a quantidade de ruas demarcadas pelos entrevistados.

Tabela 1: Sistematização das áreas demarcadas pelos entrevistados correspondente ao território do Bixiga e área oficial Bela Vista

Identificação	Entrevistados (sujeitos da pesquisa)	Total da área demarcada (Km2)	Qtde de ruas demarcadas	Trajeto limítrofe (Km)
Mapa 5	Entrevistado 1	0,57	11	3,76
Mapa 6	Entrevistado 2	1,21	18	5,97
Mapa 7	Entrevistado 5	1,84	12	6,27
Mapa 8	Entrevistado 6	0,19	6	2,22
Mapa 9	Entrevistado 7	2,07	13	7,41
Mapa 10 - oficial bairro Bela Vista		3,19	8	8,01

Fonte: o autor (2016)

Esse consolidado (tabela 1) permite a associação da biografia do entrevistado às manifestações culturais compreendidas no Bixiga. Como exemplo, pôde-se verificar a demarcação realizada pelo entrevistado 7, área em vermelho do mapa 8, que contempla exclusivamente a região que abriga a sede da agremiação e onde ocorrem os ensaios da escola, apontando para o espaço por ele vivenciado. Por se tratar da menor área demarcada, o entrevistado 7 Penteado não incluiu a área da Praça Dom Orione e a escadaria, palco de manifestações mais recentes (estas aparecem a partir da década de 1980, considerando o inventário realizado para compor essa pesquisa).

Por fim, chama a atenção também que embora não fizesse parte da matriz impressa do mapa entregue aos entrevistados, a localização da Vila Itororó somente foi lembrada a integrar o território Bixiga pelo entrevistado 5.

Associação do Adoniran Barbosa ao Bixiga

Adoniran Barbosa, nome artístico de João Rubinato não nasceu e tampouco residiu no bairro do Bixiga. Nascido em 1910 na cidade de Valinhos, estado de São Paulo, foi afamado compositor, cantor, ator e humorista brasileiro. As letras de suas músicas traziam referências a diferentes regiões da cidade de São Paulo, como os bairros Jaçanã na música "Trem das Onze", Brás em "Samba do Arnesto" e Bixiga em "Um samba no Bixiga".

De origem italiana, utilizava o linguajar peculiar nos bairros dos imigrantes de mesma origem, também um forte argumento para justificar a grafia (e fala) ao referenciar-se ao bairro como Bixiga com "i".

A letra da música que reforçou o vínculo com o bairro, "Um samba no Bixiga", de autoria de Adoniran no ano de 1956, apresenta uma linguagem "ítalo-caipira", linguajar que representa aquilo que era vivenciado nas ruas dos bairros de imigrantes italiano como o Bixiga, caracterizando a realidade dos participantes das classes menos favorecidas.

Cavenaghi (2010, p. 3) descreve o "cenário" histórico da cidade de São Paulo dos anos de 1950: "o quê se podia observar era a transformação brutal de suas estruturas urbanas. A cidade caminhava para se tornar o centro das atenções e palco das comemorações eloquentes de seu IV centenário que se aproximava. Estas transformações eram alardeadas e difundidas em propaganda em revistas e rádio".

A música narra o samba que não aconteceu, na casa do Nicola (personagem real, morador do Bixiga na época) à rua Major Diogo. O motivo foi "uma baita de uma briga" e na cena tinha pizza e "brajola"[4] que "avuava", pratos que caracterizam a origem étnica do anfitrião.

Um samba no Bexiga
Domingo nóis fumos
Num samba no Bixiga
Na Rua Major [Diogo]
Na casa do Nicola
A *mezza notte o'clock*
Teve uma baita de uma briga
Era só pizza que avuava
Junto com as brajola
Nóis era estranho no lugar
E não quisemos se meter
Não fumo lá pra brigar
Nóis fumo lá pra comer

4 Prato de origem italiana, a *bracciola* (grafia correta) é uma fatia de carne enrolada e recheada de presunto ou linguiça, contém também cebola ou pimentão.

> Na hora H se enfiemos debaixo da mesa
> Fiquemos ali de beleza
> Vendo o Nicola brigar
> Dali a pouco escuitemo a patrulha chegar
> E o sargento Oliveira palar
> "Num tem importância
> Vou chamar duas ambulância"
> E ele disse assim: — Calma pessoar,
> A situação aqui tá muito cínica
> Os mais pior
> Vai pras Clínica
> (Adoniran Barbosa, 1956)

A confusão não era novidade no bairro, ressaltado no depoimento de Armandinho do Bixiga, concedido a Moreno (1996, p. 100):

> Até 1940 o Bixiga era considerado bairro dos valentes, até a polícia tinha medo de vir aqui. [..] Como o bairro virou gueto porque todo mundo era parente, até hoje, quando eu estou andando na rua e vem vindo, por exemplo, a filha do "Cabeção", se um cara vira para olhar, eu falo "*Bello*, está olhando o quê?". E naquele tempo era dez vezes pior. O camarada nem precisava falar, naquele tempo só de virar as costas para olhar, já tomava uma bofetada.

Também Grünspun (1979, p. 68) fez referência à fama violenta do bairro ao descrever a realidade vivenciada nos anos de 1930, detalhando uma briga cuja causa estava relacionada às questões amorosas:

> O problema surgiu entre os namorados de Dita - porque namorados ela tinha vários - e dois dos namorados se encontraram após a gafieira, e um deu uma navalhada no outro, que sangrou tanto, que a polícia foi avisada. Naquele tempo se ouvia de navalhada, de corte de gilete, de porrete ou de armas com que o próprio Deus armou os homens como mãos, pés e dentes. [...] Aqui no Bexiga foi como sempre - uma navalhada.

Vivenciada a situação da música ou não, Adoniran tinha no repertório que bairro ofertava "matéria prima" suficiente para construir e emplacar sua poesia, fato que o aproximava do seu público e consumidor de sua música.

Flores Júnior (2011) faz referência descritiva da imagem de Adoniran perante o público (impulsionado pela principal mídia da época, o rádio), salientando a disparidade sobre as considerações a seu respeito:

> De expoente máximo do samba paulistano a gênio da cultura popular e outras formas de valorização bem intencionadas e frequentemente paternalistas, até o ingênuo palhaço a repetir sem reflexão certas ideologias do progresso à paulista; sua imagem oscila entre o estereótipo do pobre ingênuo, malandro, descompromissado e desinteressado em dinheiro ou poder e a figura do cantor e ator de rádio que, submetido aos ditames da incipiente indústria cultural de São Paulo dos anos 1950, escorregava, às vezes, em soluções facilmente assimiláveis, pouco comprometedoras em relação à ideologia dominante e prontas a agradar a audiência (FLORES JR., 2011, p. 115-116).

Outra referência que reforça sua apropriação pelo bairro foi a produção de um vídeo[5] gravado em um bar localizado no Bixiga, no ano de 1978, neste Adoniran fez dueto com a cantora Elis Regina e durante aproximadamente dez minutos, interpretam os sambas "Iracema" e "Um Samba no Bixiga" e, ao finalizarem o programa com uma caminhada pelas ruas do Bixiga, Adoniran diz: "Vou te mostrar o que ainda sobrou do Bixiga antigo", e nesse momento com trilha sonora "Saudosa Maloca" interpretada por Elis Regina, faz então referência à modernização das suas características urbanísticas e de moradia, as quais a partir do ano de 2002 com o tombamento de seu entorno[6] permanecem "congeladas" até o momento desta pesquisa.

Na pesquisa de Santos (2006) menciona-se encontro anterior de Adoniran e Elis, no Programa Fino da Bossa, no ano de 1965. Nesse episódio eles conversam sobre a origem do nome do bairro, o que denota a influência exercida pelo personagem:

> Elis perguntou o que era o Bexiga e o sambista respondeu que era "o apelido de um bairro chamado Bela Vista". Elis riu e perguntou por que o apelido, ao que Adoniran respondeu também rindo e em tom jocoso: "Num sei porque que é Bexiga. Eu sei, mas pra explicar demora muito. Então é melhor rapidinho e rasteiro" (SANTOS, 2006, p. 116-117).

---

5 Disponível em: https://www.youtube.com/watch?v=Ea5nMXIRxQM. Acesso realizado em 16/10/2016.

6 Resolução Conselho Municipal de Preservação do Patrimônio Histórico Cultural e Ambiental da Cidade de São Paulo. Disponível em: http://www.prefeitura.sp.gov.br/cidade/upload/49c99_22_T_Bairro_da_Bela_Vista.pdf. Acesso realizado em 21/10/2016.

A utilização da imagem de Adoniran pode ser observada, física e diretamente no espaço público do bairro. Na principal praça do Bixiga foram instalados dois monumentos em bronze, o primeiro é o busto de Dom Orione (homenageado que dá nome à praça) e o segundo é o busto de Adoniran Barbosa executada pelo artista Luis Morrone (figura 4); na imagem percebe-se o uso de camisa e gravata borboleta, comum à época, e o chapéu de lado, característico da imagem de malandro e sambista brasileiro.

Figura 4: Monumento em homenagem a Adoniran Barbosa instalado na Praça Dom Orione, Bixiga/SP

Fonte: o autor (2015)

A utilização do espaço público como suporte para a manifestação do grafite é um traço marcante da estética da cidade de São Paulo. No Bixiga essa prática não se sustenta sobre grande exploração (como na Vila Madalena ou ao longo da Avenida 23 de maio, por exemplo), contudo ao considerar obras significativas (e espontâneas) em seu território, o uso de imagens que referenciam Adoniran é notório.

De artista desconhecido, o mural exposto na figura 5 traz em destaque uma caricatura de Adoniran e dentro do conjunto observa-se também (da esquerda para a direita) uma dupla de músicos negros manuseando instrumentos referenciando o samba, um personagem de pele da cor verde com um copo na mão, daqueles utilizados para servir cachaça, o que conota o tom boêmio do personagem, ao fundo um trio de jogadores de capoeira que de acordo com depoimento de do entrevistado 7 (2016) era prática comum na região do Saracura, originalmente ocupada pelos negros e, por fim, ao lado direito da caricatura de Adoniran, a figura de um cangaceiro que colabora para a identificação da presença nordestina no bairro.

Figura 5: Caricatura de Adoniran Barbosa, mural localizado à rua Almirante Marques Leão

Fonte: o autor (2016)

No painel retratado na figura 6, Adoniran está ilustrado de forma estilizada duas vezes com a técnica de estêncil,[7] que permite a repetição em série, aparece entre outros personagens também ilustrados com a mesma técnica que podem ser identificados como o sambista Henricão (representado com uma coroa), ficou na história como o primeiro Rei Momo negro do carnaval de São Paulo.

7 Técnica do grafite que consiste na utilização de um molde vazado para a aplicação da tinta *spray*, facilitando também a repetição.

Figura 6: Painel muro de arrimo da rua Almirante Marques Leão

Fonte: o autor (2016)

Outra ação realizada pela Prefeitura Municipal de São Paulo em 2013, como forma de identificar pontos turísticos[8], apresenta-se em semáforos de pedestres no cruzamento da avenida Rui Barbosa e rua Conselheiro Carrão, que trazem o retrato do artista (figura 7), reforçando ainda mais a associação da imagem de Adoniran ao bairro.

8 Disponível em: http://www1.folha.uol.com.br/saopaulo/2013/11/1368698-de-masp-a-pacaembu-pontos-turisticos-viram-semaforos-para-pedestres-em-sp.shtml. Acesso realizado em 21/10/2016.

Figura 7: Semáforo de pedestres no cruzamento da avenida Rui Barbosa e rua Conselheiro Carrão, homenagem ao artista Adoniran Barbosa

Fonte: o autor (2015)

Com destaque para sua produção como artista e músico, Adoniran, que se identificava com o perfil dos moradores, deixou-se associar ao bairro do Bixiga pois além de cenário possível para a sua obra, era esse (e outros bairros de imigrantes) que lhe serviam de matéria prima. O sucesso não foi imediato, de acordo com Mugnaini (2002, p. 80) a música "Saudosa Maloca" - talvez sua obra de maior expressão - somente alcançou o sucesso quando gravada pelo grupo Demônios da Garoa, em 1955, que contabilizou a venda de 90 mil cópias.

No conjunto música na rádio e programa na televisão, ambos apresentados nessa reflexão, questiona-se a influência da mídia para essa associação do artista aos bairros de imigrantes da cidade de São Paulo:

> Se a imprensa é o lugar de uma multiplicidade de modos de construção, a rádio segue os acontecimentos e define-lhes o som, enquanto que a televisão fornece as imagens que ficarão na memória e assegurarão a homogeneização do imaginário social (VERÓN, 1981 *apud* LE GOFF, 1990, p. 142)

Ademais, Adoniran Barbosa (João Rubinato) nem mesmo era do bairro, mas sua representação enraizou-se pelo Bixiga de forma a fazer parte de sua cultura, trazendo a figura do imigrante italiano, quer pelo linguajar ou pela própria origem; e do negro mediante a influência musical (e também miscigenada) do samba. No Bixiga sua representação segue e permanece principalmente nas intervenções junto ao espaço público e no caráter musical que o bairro carrega.

Capítulo 2
HOSPITALIDADE E ESPAÇO PÚBLICO

> *Era na rua – e não dentro de casa – que a família se socializava: os homens, no dia-a-dia dos largos e praças; as mulheres, nas procissões e festas públicas.*
>
> (ROLNIK, 1994, p. 29)

Elucidando os fundamentos da hospitalidade, esse capítulo considera os estudos e conteúdos relevantes para a área e agrega também os conceitos de lugar de hospitalidade e hospitalidade urbana. Colabora para esclarecer as dimensões da hospitalidade (acolhimento, comensalidade e sociabilidade) designadas para as análises das três manifestações culturais tratadas em profundidade. A escolha do espaço público surge da necessidade em haver espaço físico para a promoção do encontro e proximidade na ocorrência da hospitalidade, espaço este que pode ser doméstico, comercial ou público, sendo este último, cenário das manifestações culturais que ocorrem no bairro Bixiga.

Mitos e conceitos da hospitalidade

Os estudos da hospitalidade recuperam a mitologia grega e romana, exploram as relações e os olhares dos deuses acerca da hospitalidade. Destaca-se a obra *Metamorfoses* de Ovídio que, apresentada por Léonard-Roques (2011, p. 722), descreve a história de Filémon e Báucis:

> À procura de um "asilo onde repousar", Júpiter ("sob o aspecto de um mortal") e Mercúrio encontraram "mil portas fechadas". Uma única casa os acolhe, "modesta, na verdade, coberta de palha e dos juncos do charco" onde vive um casal de anciãos. A história de Filémon e Báucis detalha longamente as comoventes atenções com que o velho casal envolve os deuses: [...] ela [Báucis] aviva o fogo da véspera, alimenta-o com folhas e cortiça seca e consegue extrair dele, com seu débil sopro de velha, algumas chamas [...]. Batem o colchão. Recobrem-no com panos que só costumam estender sobre ele nos dias de festa; mas esses panos não valiam nada e eram velhos, bem adequados a um leito de salgueiro [...]. A velha, arregaçando o vestido, traz trêmula, a mesa. Mas o terceiro pé dessa mesa era mais curto que os outros, ela o nivela com cacos de cerâmica.

Identifica-se nesse trecho duas fases do que Camargo (2003) descreve como tempos da hospitalidade: o recepcionar – Filémon e Báucis foram os únicos a receberem os deuses entre "mil portas fechadas"; e, o hospedar – oferecendo o colchão e os trajes de cama que se tem de melhor na casa.

Outros dois trechos da obra de Ovídio, citados por Léonard-Roques reportam aos outros dois tempos da hospitalidade designados por Camargo (2003): alimentar e entreter. "Havia duas panelas: a menor continha favas, a outra, repolho; as duas começavam a ferver sob sua tampa. Enquanto esperava, o velho oferece vinho tinto com a mão tremula", e para encurtar a espera de seus hóspedes Filémon e Bálcis "preenchem com a conversa os momentos de espera até a hora da refeição [...]. Havia lá uma bacia de faia. Encheram-na de água morna e com ela fizeram aquecer os membros cansados dos viajantes" (OVÍDIO apud LÉONARD-ROQUES, 2011, p. 722).

Findando a epopeia, os hóspedes revelam-se deuses aos seus anfitriões, concedendo-lhes como recompensa a satisfação de seus desejos, enquanto os demais vizinhos padeceriam do castigo divino: toda a aldeia engolida por um lago; a velha cabana então transformada em templo magnífico onde o casal de anciãos seria guardião, também atendidos com o pedido de nunca sobreviver à perda de seu cônjuge – quando morrem, são simultaneamente transformados em árvores que permanecem juntas. "Depois de anos servindo ao templo, Filêmon e Báucis foram transformados em árvores de carvalho e tília com suas copas abraçadas no alto, unidos para sempre" (BOFF, 2005, p. 85).

Há nas mitologias e religiões outras histórias que remetem claramente à hospitalidade, porém todas convergem para ações associadas aos atos de receber-hospedar-alimentar-entreter. Montandon (2011, p. 31) ao descrever a hospitalidade como "uma maneira de viver em conjunto, regida por regras, ritos e leis", listou algumas regras estabelecidas para o tratamento entre visitante e hospedeiro, são os tempos da hospitalidade, detalhados e indicados como uma série de microcenas "que incluíam, entre outras, a chegada, a recepção, sentar-se, banquetear-se, dizer o nome e a pátria, deitar-se, banhar-se, a entrega de presentes, as despedidas".

Sem distanciar-se de Montandon (2011), Camargo (2003, p. 15-16) define quatro tempos da hospitalidade:

> 1. Recepcionar ou receber pessoas – Nada apresenta melhor a hospitalidade que o ato de acolher pessoas que batem à porta; a hospitalidade, antes de se tornar um gesto da vida social, constitui um ritual da vida privada.

> 2. Hospedar – Ainda que a noção de hospitalidade não envolva necessariamente o ato de proporcionar pousada ou abrigo aos visitantes, não há como deixar de incluir nessa categoria o calor humano dedicado a alguém sob a forma da oferta de um teto ou ao menos de afeto, de segurança, ainda que por alguns momentos.
>
> 3. Alimentar – Em algumas culturas, a oferta de alimento delimita e concretiza o ato da hospitalidade, ainda que esse alimento seja simbólico, sob a forma de um copo com água ou do pão que se reparte em algumas culturas.
>
> 4. Entreter – Ainda que todos os dicionários restrinjam a noção de hospitalidade ao leito e ao alimento, é obvio que receber pessoas implica entretê-las de alguma forma e, por algum tempo, proporcionar-lhes momentos agradáveis e marcantes do momento vivido.

Seja em qualquer cenário histórico da hospitalidade, sua ética é tratada por Camargo (2004, p. 31) como implícitas em suas leis não escritas, entendendo que "a hospitalidade é um processo de comunicação interpessoal, carregado de conteúdos não-verbais ou de conteúdos verbais que constituem fórmulas rituais que variam de grupo social para grupo social, mas que ao final são lidas apenas como desejo/recusa de vínculo humano", apontando para o aspecto ético da hospitalidade, quando utilizada como ritual de apaziguamento na possibilidade de minimizar ou eliminar a agressividade/hostilidade.

A hospitalidade relativa à Antiguidade é desencadeada "não de alguém que convida, mas de pessoas que necessitam de abrigo e buscam calor humano ao receber o estranho" e a passagem para a hospitalidade a partir de um convite foi uma inovação registrada primeiramente entre os gregos, cujo ato de visitar e ser visitado constituía obrigação (CAMARGO, 2004, p. 30-31).

Outra questão, descrita por Lashley (2004) reforça que a moral imposta pela prática da hospitalidade ocupava papel central nas sociedades pré-industriais quanto ao dever de acolher vizinhos e forasteiros e que a falha nessa prática era desaprovada socialmente. Nesse caminho, no livro *La etica de la hospitalidad*, Innerarity (2008, p. 16-17 – tradução livre) afirma que:

> [...] a hospitalidade corresponde às características das experiências éticas fundamentais dos homens. Desde a Bíblia até a literatura contemporânea, passando por uma grande variedade de manifestações culturais, a hospitalidade está presente como motivo de estímulo ou tema literário. A troca hospitaleira, que ultrapassa a reciprocidade entre as mesmas pessoas, manifesta-se como a primeira forma de integração da humanidade. Em torno desta relação foi configurando-se uma série de deveres, cuja transgressão é censurada.

E sugere que ao transformar o fantasma em hóspede (o fantasma no sentido de desconhecido, aparição inesperada), e também deixar-se visitar e oferecer hospitalidade ao inesperado, conclui que "é onde consiste a arte da vida" e que devesse cultivar os gestos que favoreçam o acolhimento ao outro (INNERARITY, 2008, p. 92-93). Afirma então:

> [...] que através da hospitalidade pode-se interpretar o desconhecido, o outro, a cultura em

> que vivemos, às vezes tão obscura que torna-se incompreensível ou hostil, mas que é a origem da aprendizagem do novo, o contato com o diferente e a diminuição das disparidades da nossa vida; ao passo que nos tornamos hóspedes uns dos outros, nos livramos da dúvida e abraçamos uma liberdade em dar-e-receber mais além da reciprocidade, assim a relação anfitrião-hóspede passaria a ocupar a ética da hospitalidade em detrimento da dialética de Hegel: amo-escravo (INNERARITY, 2008, p. 17 – tradução livre).

Tratando da etimologia da palavra hóspede, que de acordo com Grassi (2011) tem parentesco com *hospitem* e *hospes*, a segunda palavra carrega a ambiguidade de estar ligada etimologicamente com *hostis*, o estrangeiro, inimigo. Grassi (2011) acusa o mundo antigo grego de forjar o conceito de hóspede devido à realidade política e jurídica da época. Fica mais claro quando a autora segue com as duas palavras: *hospes* e *hostis* pois desencadeiam o verbo *hostire* que significa o tratamento com igualdade, em favor da compensação ou retribuição. "Em francês e português, *hostis* deu "hostil". O hóspede e o inimigo têm, assim, como origem uma noção comum e importante, a de compensação, de tratamento de igual para igual, ato que visa a aplainar o *status*, hostil *a priori*, do hóspede acolhido" (GRASSI, 2011, p. 55).

Característico na zona rural o termo "hóspede" passou a ser empregado com mais frequência a partir do século XII:

> "Hóspede" designava um recém-chegado, um forasteiro. Era um imigrante, um colono, à procura de terras novas ainda para cultivar; originava-se da massa dos seres errantes que deram

> origem aos primeiros mercadores e aos primeiros artesãos da cidade, ou de populações que se libertaram do poderio senhorial. A condição regular do hóspede era, com efeito, a liberdade (GRINOVER, 2016, p. 95).

Grinover (2016) também discorre sobre a hospitalidade precedente à urbanização:

> O homem da cidade anterior à Revolução Industrial vivia intensamente pautado por relações de sociabilidade e solidariedade intensas, isto é, de hospitalidade que se configurava como "clássica", situação completamente diferente da vivenciada com a crescente implantação do processo de urbanização (GRINOVER, 2016, p. 57).

Quanto aos espaços da hospitalidade e retomando como base a definição de hospitalidade por Camargo (2004, p. 52), que a considera um conjunto de leis não escritas que regulamentam os rituais sociais e que "pode ser definida como o ato humano, exercido em contexto doméstico, público e profissional, de recepcionar, hospedar, alimentar e entreter pessoas temporariamente deslocadas de seu habitat natural", logo classifica os espaços da hospitalidade (no eixo social) nas categorias:

> • Doméstica – do ponto de vista histórico, o ato de receber em casa é o mais típico da hospitalidade e o que envolve maior complexidade do ponto de vista de ritos e significados;
>
> • Pública – é a hospitalidade que acontece em decorrência do direito de ir-e-vir e, em conse-

> quência, de ser atendido em suas expectativas de interação humana, podendo ser entendida tanto no cotidiano da vida urbana que privilegia os residentes, como na dimensão turística e na dimensão política mais ampla – a problemática dos migrantes nos países mais pobres em direção aos mais ricos;
>
> • Comercial – esta resolve dentro das estruturas comerciais, hospitalidade enquanto atividade econômica, criadas em função do surgimento do turismo moderno e mais adequadas à designação habitual de hotelaria e restauração;
>
> • Virtual – Em bora perpasse e seja quase sempre associada espacialmente às três instancias anteriores, já se vislumbram características específicas desta hospitalidade, notadamente a ubiquidade, na qual emissor e receptor da mensagem são, respectivamente, anfitrião e visitante, com todas as consequências que esta relação implica (CAMARGO, 2004, p. 52).

Tais definições concentram os domínios classificados e apresentados por Lashley (2004), utilizando as instâncias sociais, privadas e comerciais da hospitalidade:

> Colocando de modo simples, cada domínio representa um aspecto da oferta de hospitalidade, que é tanto independente como sobreposto. O *domínio social* da hospitalidade considera os cenários sociais em que a hospitalidade e os atos ligados à condição de hospitalidade ocorrem junto com os impactos de forças sociais sobre a produ-

> ção e o consumo de alimentos, bebidas e acomodação. O *domínio privado* considera o âmbito das questões associadas à oferta da "trindade" no lar, assim como leva em consideração o impacto do relacionamento entre anfitrião e hospede. O *domínio comercial* diz respeito à oferta de hospitalidade enquanto atividade econômica e inclui as atividades dos setores tanto privado quanto público (LASHLEY, 2004, p. 5-6).

Interessa para análise das três manifestações elencadas e observadas no bairro do Bixiga, tratadas em profundidade com as dimensões da hospitalidade de acolhimento, comensalidade e sociabilidade, considerando suas ocorrências no espaço social na categoria pública por Camargo (2004) ou no domínio social por Lashley (2004).

Influenciado pela escola francesa, que de acordo com Camargo (2004, p. 40) "se interessa apenas pela hospitalidade doméstica e pela hospitalidade pública e que tem na matriz *maussiana* do dar-receber-retribuir a sua base", foram elencadas como dimensões da hospitalidade: o acolhimento, a comensalidade e a sociabilidade, pois na vivência e observação das manifestações culturais supôs-se que cada uma delas tivessem importância e correlação aos quatro tempos da hospitalidade de Camargo (2003): recepcionar, hospedar, alimentar e entreter.

A partir do estabelecimento dos tempos *versus* dimensões da hospitalidade, garantiu-se que cada uma das manifestações fosse relacionada àqueles conceitos que aproximam as realidades vivenciada e observada:

- Acolhimento / ensaio da Escola de Samba Vai-Vai, que representa o negro como o original ocupante da região, por meio da incorporação da sua cultura pelos demais grupos formadores;

- Comensalidade / festa da Nossa Senhora Achiropita, pois nesse caso o alimento produzido e comercializado durante os dias da festa passou a ser, no decorrer das edições, o atrativo da manifestação religiosa;

- Sociabilidade / festa de aniversário de São Paulo, mediante o ato de oferecer o bolo gratuitamente, faz com que o contingente de participantes seja variado, diversificado em suas condições sociais e/ou econômicas, e ao relacionarem-se como grupo é possível ignorar as diferenças.

A escolha de uma das dimensões para cada manifestação considerou a aproximação conceitual que o referencial teórico oferecia, relacionando-os ao que foi levantado empiricamente. Ressalta-se que todas as três manifestações poderiam ser investigadas a partir do olhar conceitual de cada uma das dimensões, todavia essa abordagem não foi definida como objetivo dessa pesquisa.

Lugar de hospitalidade e hospitalidade urbana

Ao definir a hospitalidade "como um modo privilegiado de encontro interpessoal marcado pela atitude do acolhimento em relação ao outro", Baptista (2002, p. 157) apoia-se em Levinas (1980). A hospitalidade comporta fortes traços de subjetividade humana ao que se refere à realidade fora de si, coisas do mundo, natureza ou objeto, podendo-se traduzir em conhecimento, alimentação ou posse, desse modo aponta para a importância do lugar onde ocorre.

Já Camargo (2003, p. 19) inclui na definição de hospitalidade dezesseis campos teóricos que advêm da intersecção dos eixos recepcionar, hospedar, alimentar e entreter pessoas nos contextos doméstico, profissional ou público. Encontra-se na sobreposição do domínio público com o ato de receber, parâmetros que confluem com o lugar de hospitalidade e da hospitalidade urbana:

> Os espaços públicos, notadamente a cidade, também exercitam cotidianamente a hospitalidade expressa no direito de ir e vir. O estudo dessa dimensão reclama o concurso das ciências do urbanismo. Uma cidade tem seus rituais de recepção, sendo a sinalização viária e o uso do solo os principais códigos. Uma cidade que se lê rapidamente é mais acolhedora que a cidade que se furta impiedosamente ao olhar e ao passeio do visitante (CAMARGO, 2003, p. 21).

Ao discorrer sobre os lugares de hospitalidade, Baptista (2008, p. 6-7) conclui que "são lugares de urbanidade, de cortesia cívica, de responsabilidade e de bondade. São lugares nossos que convidam à entrada do outro numa oferta de acolhimento, refúgio, alimento, ajuda ou conforto", afirma também que "a verdadeira riqueza, ou identidade dos lugares não está nas suas potencialidades materiais, mas sim na forma como são apropriados, percebidos, desfrutados, amados e, sobretudo partilhados" e que os lugares de hospitalidade são lugares de urbanidade, são lugares abertos aos "outros".

Ao depararmos com o outro – o estranho – o que temos é o desconhecido, já que esse outro individuo é abastecido de memórias, saberes, sonhos e referências, esses fatos lideram a subjetividade humana e tampouco podem ser consumidos, atingidos, tocados como uma coisa ou objeto. Baptista (2002) identifica então a necessidade em criar lugares de comunicação, de contato e de proximidade para uma tentativa de aproximação, e que é a partir da hospitalidade que chegamos à descoberta do outro (e de nós mesmos).

Nesse sentido, à hospitalidade interessa a proximidade e o encontro, e este é talvez, o seu principal significado, face às lógicas da globalização e do individualismo (CAMARGO, 2015, p. 44).

De acordo com grinover (2013, p. 16), "Essas investigações relacionadas justamente com a hospitalidade urbana, apoiam-se quase sempre em conceitos já consolidados, como o fato de que existe, fundamentalmente, o lugar da hospitalidade, que se realiza no acolhimento, no abrigo, no espaço". Assim, entendendo as manifestações culturais no espaço público como uma necessidade de sociabilidade e/ou fruto do acolhimento entre seus sujeitos, que desencadeia:

> O entendimento de espaço público como "lócus" de uma cultura urbana compartilhada, fundada em valores coletivos, uma cultura que envolve o convívio com os opostos, envolve diversidade, trocas e, mais do que tudo, o desfrute de uma cidade que tenha espaço urbano como panorama de fundo ativo (GRINOVER, 2013, p. 20).

Considera-se aqui que o espaço público do Bixiga tem papel essencial agregador na cultura urbana citada por Grinover (2013), pois envolve a partir e desde o acolhimento inicial de diferentes grupos (étnicos) até as diferentes culturas e costumes trazidos por eles.

Raffestin (1997, p. 173) considerando a cidade atual, valida a existência do que ele chama de hospitalidade "imediata", com a qual o recém-chegado prontamente se depara. Esse aspecto é importante no contexto urbano, seja ele compreendido como hospitalidade urbana ou lugar de hospitalidade:

> Nas cidades bem identificadas, o estrangeiro se sente acolhido, até bem recebido, ele sabe aonde vai, ele acha o que procura sem perda de tempo, e ele pode se abandonar a passeios e à contemplação sem o risco de se perder. A informação, nesse caso, está ligada ao dom. Oferecer e receber a informação é um mecanismo de hospitalidade (RAFFESTIN, 1997, p. 173 – tradução livre).

Na abordagem sobre a importância a ser dada ao espaço público, Severini (2014, p. 89) sugere que "a discussão sobre quem é o anfitrião urbano exige um raciocínio que vai além das questões sobre hospitalidade. Antes é preciso entender as características desse espaço e de quem é esse espaço. Teoricamente o espaço da hospitalidade urbana é o espaço público", e completa:

> Em um mundo cada vez mais urbanizado, a hospitalidade urbana deve tomar força e passar a ser uma das formas utilizadas pelo homem para facilitar sua aproximação e convívio com seus semelhantes. Isso exige novas soluções referentes ao convívio entre os homens (homem x homem) e sua relação com o espaço construído (homem x espaço). O que demonstra a importância de se investir em espaços públicos de qualidade, com condições de recepcionar, alojar e entreter turistas e moradores (SEVERINI, 2014, p. 96).

Esse esforço em transformar os espaços urbanos/públicos em lugares de hospitalidade requer o cuidado em não conseguir apenas uma hospitalidade convencional ou artificial, como por exemplo, aquela sentida nos lugares de comércios, e sim a hospitalidade autêntica que é essencial à relação humana. De acordo com Baptista (2002, p. 163) é importante investir a princípio, nos espaços intermediários (aqueles situados entre o público e o privado), como creches, hospitais e escolas, pois constituem lugares de mediação humana e podem ser utilizados para disseminar os valores necessários à vida em comum: "a hospitalidade surge como um acontecimento ético por excelência, devendo dizer respeito a todas as práticas de acolhimento e de civilidade que permitem tornar a cidade um lugar mais humano" (BAPTISTA, 2002, p. 159).

Raffestin (1997, p. 174-175) cita o urbanismo como mecanismo da hospitalidade da cidade responsável pelo "arranjo geral das paisagens urbanas e pela organização dos lugares públicos", e utiliza a praça pública "que no ocidente teve papel considerável como lugar hospitaleiro por definição" como um dentre vários exemplos possíveis:

> [...] enquanto centro vital da cidade histórica que reunia funções que induziam múltiplas práticas. O fórum romano foi muito tempo a matriz original das diversas praças: praça da catedral, praça cívica, praça do mercado. Foram lugares exteriores fundamentais na e para a interioridade. A praça clássica era um vazio organizado que tomava forma e o caráter de tudo o que lá se fazia segundo as horas do dia e das estações do ano. Ela era, em suma, um resumo do passado que nela tinha deixado traços do presente que a fazia viver de acordo com certos ritmos, e do futuro que frequentemente se anunciava por diversas manifestações (RAFFESTIN, 1997, p. 174-175 – tradução livre).

Raffestin (1997) anuncia a morte da praça por consequência de dois fatores: a expansão automobilística e o desenvolvimento das telecomunicações, perdendo assim seu caráter hospitaleiro, pois não é mais nem lugar de espetáculo tampouco de encontros face a face e do diálogo.

O ato de relacionar-se e coexistir é a condição universal e fundamento do ser social. Intensificar essas relações com um grau elevado de diversidade e é isso que define o grau de urbanidade é algo que a ocorrência das cidades favoreceu e tornou exponencial, assim refere-se à cidade como espaço produtivo, como ator social. A coexistência permite à cidade ser o lugar do encontro da diferença, o que dá uma chance para que se supere, ao menos em parte, as segregações sociais e econômicas, culturais e étnicas. A possibilidade dessa convivência significa uma aprendizagem progressiva de posturas orientadas pelo entendimento, pelo acordo, pela tolerância (OLIVA, 2003, p. 2).

Espaço público

A metrópole reúne muitas pessoas, diferentes estratos de renda e culturas, um grande laboratório de ideias, o lugar do enfrentamento, do conflito e também da comunhão e solidariedade. "É ainda um conjunto de lugares e um conjunto de fluxos de passagem, no qual muitos migrantes e nativos vivem, sobrevivem, descobrem o mundo, em tempos nem sempre sincronizados" (VERAS, 2001, p. 8).

Ao verificar que o crescimento das metrópoles já não se realiza apenas por ampliações concêntricas e apontando para os territórios urbanos cada vez mais periféricos, Grinover (2009, p. 11) prevê que "Essa nova forma espacial e funcional colocará em causa a estrutura de rede de espaços a ela associada e, em último grau, a destruição da própria imagem da cidade enquanto espaço público".

> O caráter cada vez menos público dos espaços urbanos sugere que estes são cada vez menos

> visualizados como espaços efetivos de pertencimento. A praça ou o jardim não são mais espaço de interação social cujos mecanismos dinâmicos já não são controlados por seus atores: a rua não é mais um local, mas apenas uma ligação. Não só os espaços públicos deixam de ser o elemento formalmente ordenador dos tecidos urbanos como perdem seu papel estruturador das atividades e das interações sociais da cidade (GRINOVER, 2009, p. 12).

Durante o período dessa pesquisa notou-se grandes avanços na utilização do espaço público na cidade de São Paulo que aponta para sua retomada pelos moradores e que corrobora com a prática da hospitalidade na cidade, através do conceito de hospitalidade urbana, "condicionada por normas de utilização de seus equipamentos e infraestrutura, percorre-se uma cadeia de eventos sociais, econômicos e culturais que chegam aos espaços públicos" (GRINOVER, 2009, p. 15).

Essa é uma tendência também nas maiores cidades latinas, como Cidade do México, Buenos Aires e Bogotá, de acordo com a agência Edelman Significa, que divulgou pesquisa de mercado, realizada com metodologia própria e aplicada nas maiores cidades de quatro países (Argentina, Brasil, Colômbia e México), com objetivo de traçar o perfil latino-americano.

Realizada em 2016, o resultado da pesquisa referente à cidade de São Paulo foi compilado em um material chamado *Cultural Connections São Paulo* (2016) que segue disponível para consulta pública. Cita, entre os principais resultados que

> Os movimentos de reocupação dos espaços públicos, por exemplo, são cada vez mais frequentes

> e intensos [...]. Em São Paulo, a avenida Paulista, uma das mais importantes vias da cidade, foi fechada para carros aos domingos. Essa e outras ruas e praças seguem atraindo cada vez mais pessoas em busca de lazer, ciclistas e manifestantes de causas políticas e sociais (EDELMAN, 2016).

Depois de um período-teste de um ano (entre 2015 e 2016), um dos espaços público mais frequentados e conhecidos da cidade de São Paulo, a avenida Paulista, passou a ser fechada permanentemente todos os domingos, nos horários entre 9h e 17h, para exclusiva utilização em favor do lazer e convívio da população e turistas. A ação foi fruto do Projeto Ruas Abertas da Prefeitura Municipal de São Paulo, que além desse logradouro em questão também abrange outras áreas da cidade e que discute a decisão com consulta pública aos moradores da cidade através das Subprefeituras. "O programa tem como objetivo abrir para pedestres e ciclistas ruas e avenidas de grande relevância no perímetro de 1 a 3 quilômetros, aos domingos e feriados, das 10 às 17 horas, como forma de promover uma melhor ocupação do espaço público e ampliar os espaços de lazer na capital paulista" (PREFEITURA DE SÃO PAULO, 2015)

Outro espaço que aos domingos é utilizado para uso público e convívio é o Parque Minhocão, assim foi batizado o elevado Presidente João Goulart (antigo Elevado Costa e Silva), via expressa urbana, construída durante a gestão do prefeito Paulo Maluf, entregue à cidade em 1971 e que faz a ligação Leste-Oeste da cidade de São Paulo. Transforma-se em parque quando aos domingos é fechado para utilização livre, seu uso ocorre de forma variada, mas com predominância das atividades físicas.

O estudo de Nogueira (2015) parametrizou o *High Line Park* em Nova Iorque nos Estados Unidos e o Parque Minhocão em

São Paulo, compara os dois espaços devido à semelhança na estrutura (ambos são vias elevadas e tornaram-se símbolo da falta de urbanidade, o primeiro sofreu revitalização e somente é utilizado como parque) e às discussões que ocorrem acerca do seu fechamento para transformá-lo em parque ou até mesmo sua demolição. Atestando a participação pública na decisão, Nogueira (2015, p. 113) cita duas entidades que atuam exclusivamente em favor do futuro da região, "Essa dualidade tem sido intensamente debatida pelos órgãos públicos através de audiências marcadas principalmente por cidadãos pertencentes a duas entidades de representação social com objetivos distintos: Associação Parque Minhocão e Veredas", indicando assim que existe um movimento de encontro à ocupação desse espaço por parte da população sensivelmente organizada.

Na Europa, um outro movimento, chamado *social street*, que começou em 2013 a partir da iniciativa de um morador de uma pequena rua na cidade de Bologna na Itália, pai de uma criança que não tinha com quem brincar, começou a divulgar através de cartazes na própria rua com o intuito de convocar os moradores ao convívio. De acordo com a reportagem exibida no Programa Globo Repórter no dia 27 de maio de 2016,[1] onde o próprio idealizador é entrevistado, em pouco tempo, já eram mais de 70 pessoas convivendo no espaço público e outras relações baseadas em trocas, pequenos serviços de artesãos e movimentos artísticos foram surgindo, agregando visitantes de outras regiões.

Considerando os quatro exemplos citados de ocupação e uso dos espaços da cidade, o espaço da rua, público, passa a ser um campo vasto para análise e estudo da hospitalidade.

---

1 Vídeo disponível em: http://g1.globo.com/globo-reporter/noticia/2016/05/invencao-cria-proximidade-entre-vizinhos-de-rua-em-bologna-na-italia.html

> Enquanto espaços que potenciam a hospitalidade intercultural e intergeracional, os lugares públicos, tal como os lugares de trânsito, merecem-nos uma atenção especial. Como as praças, os mercados, os cafés, os parques e os centros cívicos. É preciso ver até que ponto esses lugares funcionam efectivamente como "lugares", com tudo o que isso implica em termos de interacção humana (BAPTISTA, 2008, p. 11).

Historicamente, a cidade de São Paulo, chamada de "Babel paulistana" por Paoli e Duarte (2004) que justifica o motivo dessa alcunha ao considerar as redes e teias de sociabilidade formadas pelas comunidades negras sob o cenário do espaço público na década de 1920:

> [...] o largo do Arouche, na região central da Cidade, era uma referência de lazer nas manhãs de domingo; talvez por isso, no centro da praça, em 1932, foi erigida uma estátua do abolicionista Luis Gama. Ao longo da década, esses passeios dominicais se deslocaram em direção à rua Direita e, nas tardes de domingo e noites de sexta-feira e sábado, diversos grupos musicais se reuniam para tocar, cantar e dançar (PAOLI; DUARTE, 2004, p. 59).

Porém, não demorou para que incidissem sobre essas práticas, potencializadas pelas classes mais baixas da população (principalmente negros), perseguições policiais a fim de "limpar" essa região da cidade. "Depois de seguidas "batidas" policiais e de muitos protestos das organizações negras conseguiu-se um acordo com a polícia e a rua Direita continuou sendo uma espécie de território livre da sociabilidade negra, mas continuou sob permanente vigilância policial" (PAOLI; DUARTE, 2004, p. 59-60).

E o que definiria o espaço público? O fato de nesse espaço não estar submetido à nenhuma autoridade, espaço (des)apropriado destinado para uso social livre e comum:

> [...] os espaços públicos são tidos como lugares onde deveriam estar assegurados os direitos dos cidadãos ao uso da cidade, a acessibilidade à memória, segurança, informação, conforto, circulação, além do acesso visual à arquitetura e à estrutura urbana [...] do ponto de vista jurídico, espaço público é o espaço tradicional de uso comum das cidades, como as ruas, as praças, os largos, as avenidas etc. e que está sob a jurisdição do poder público podendo sofrer alterações físicas a qualquer instante em prol do bem comum (SEVERINI, 2014, p. 89).

Frúgoli Jr. (1995, p. 37) identificou através de um "conjunto de atividades, códigos e regras de certos grupos sociais que fazem das ruas um espaço privilegiado para suas relações, visando compor e revelar, em seu conjunto, dimensões a que poderíamos chamar, provisoriamente, de "rua como modo de vida", ou "culturas(s) de rua".

> Tal "cultura de rua" se diferencia de algo que poderia ser intitulado de "cultura pública", identificada, num certo plano, com vários tipos de ocupação do espaço público que impliquem algum modo de organização por parte das instituições [...] cujo critério de utilização do espaço passa por algo previamente definido ou minimamente

> consensual, e que busca antes de tudo a "visibilidade social", como passeatas, atos públicos, manifestações, *performances*, festas de rua (FRÚGOLI JR., 1995, p. 71).

As festas, de maneira geral, são ocasiões para as pessoas se reunirem e delas saírem fortalecidas principalmente no convívio social, pois se instala o clima de riso, de descontração, ou seja, da despreocupação. É nessa direção que Amaral (1998) afirma que as festas têm o caráter de apoio aos sujeitos:

> [...] as festas podem também ser o modo próprio de expressão da identidade de um dado grupo ou mesmo instrumento político deste, uma vez que mobiliza grande contingente de pessoas e recursos com finalidades assistenciais, no sentido de cumprirem um papel de apoio aos seus membros ou de outros grupos, que terminam gerando uma consciência política que dá origem a associações, como as de bairro, ou de leigos na igreja, por exemplo (AMARAL, 1998, p. 125).

Tratando do espaço onde se desenvolve uma determinada sociedade (ou grupo social) e o tempo das atividades promovidas por eles no contexto da festa:

> [...] a festa promove precisamente os deslocamentos destas atividades dos seus, digamos, "espaços normais". Isso, então, permite a sensação de um tempo louco, notavelmente lento ou, como ocorre com o nosso Carnaval, uma temporalidade acelerada, vibrante e invertida. No cotidiano vivo uma ordem que me diz: conheço as pessoas na porta;

> vou para uma sala de jantar, onde comemos, e depois vou para um quarto dormir. Já numa festa, todas essas ações (e muitas outras) podem acontecer simultaneamente sem haver uma separação entre elas e os espaços onde normalmente ocorrem (DAMATTA, 1997, p. 38-39).

Também para DaMatta (1997, p. 41) "esses espaços são marcados por monumentos cuja função seria a de estabelecer em pedra, bronze, aço, concreto ou tijolo" a conexão entre o lugar (supostamente urbano e público) e aqueles que o vivenciam (o povo), portanto dá relevância ao patrimônio público como formador e mantenedor da sua história.

De acordo com pesquisa sobre patrimônio histórico de Bastos (2004) na qual foram entrevistadas 300 pessoas entre moradores e usuários de bairros pertencentes à área urbana da cidade de São Paulo – uma dessas áreas foi o Bixiga – resultando então no Inventário Nosso Patrimônio Cultural, cuja metodologia realizada foi em duas partes: a primeira inventariando o bens tangíveis, que dialogava com os entrevistados sobre os bens que consideravam significativos na sua região e a segunda parte do processo metodológico, de maior dificuldade, que questionava os mesmos entrevistados a respeito das manifestações culturais:

> Manifestações culturais espontâneas estão carregadas de expressões culturais que caracterizam as comunidades. É preciso criar mecanismos para divulgação e participação da comunidade. O trabalho de valorização, preservação e reutilização do Patrimônio Cultural constitui uma forma de envolvê-la, permitindo-lhe a consciência de si mesma e a revitalização das tradições. A valorização

> da identidade cultural permite que se intensifique o sentimento de pertencimento à comunidade. Em contrapartida, o abandono e desvalorização do patrimônio cultural expressam nossa dependência cultural (BASTOS, 2004, p. 260).

As manifestações culturais são referenciadas na pesquisa de Bastos (2004) como patrimônio cultural intangível, mais especificamente, as manifestações de caráter popular, onde foram identificadas "festas populares de caráter devocional, logradouros que se notabilizam pela realização de feiras de arte, outros que tem se destacado pela implementação de projetos de apresentações musicais, corridas, desfiles, dentre outros". Dentre as festas de caráter religioso, destacaram-se "as tradicionais festas de origem italiana Nossa Senhora da Achiropita, no Bexiga, São Vito Mártir e Nossa Senhora de Casaluce, no Brás" (BASTOS, 2004, p. 262-263).

Referenciando os bairros de forte identidade étnica de São Paulo, Bastos (2004, p. 263) conclui que ainda preservam festividades relacionadas às comunidades que lhes deram origem. "[...] No Bexiga, reduto dos italianos e negros, realiza-se o Nhoque da Sorte, o Maior Pão do Mundo e o Bolo de São Paulo, além da já citada festa da Achiropita, concentra-se uma das escolas de samba mais tradicionais da cidade, a Vai-Vai".

Com ênfase na característica de centro econômico-industrial e cosmopolita, Amaral (1998, p. 178) diz que mesmo em São Paulo "é possível, ainda hoje, ver-se colchas nas janelas e tapetes de flores na festa de N. Sra. de Achiropita no bairro do Bexiga", confirmando relevância às festas religiosas (e étnicas ao mesmo tempo) que ocorrem nos bairros tradicionalmente de imigrantes da cidade:

> Na capital paulistana, o ciclo de festas italianas é composto pelas festas de N. Sra. da Achiropita, San Genaro, São Vito Mártir, Santo Emídio e N. Sra. de Casaluce. São todas festas católicas, que prestam homenagem aos santos (como o Círio de Nazaré e as Festas do Divino), mas também, ou principalmente, festas étnicas. As colônias napolitana, calabresa e cirignolana, tradicionalmente rivais, enfrentam-se nestas festas, disputando quem é capaz de oferecer a melhor homenagem aos seus santos prediletos. As comunidades envolvidas nelas, composta majoritariamente de imigrantes e descendentes destes, de classe média (alta ou baixa), zelam com severa disciplina pelos costumes herdados dos pais e avós, boa parte deles fundados na religião e, segundo alguns participantes, ainda em vigor nos países de origem. A exemplificação destas festas e principalmente da de N. Sra. da Achiropita, que é o modelo de todas as outras, parece suficiente para demonstrar o modo pelo qual se organizam os grupos de origem ou ascendência italiana nos Bairros do Bexiga, Brás, Vila Prudente e Mooca (AMARAL, 1998, p. 78).

Ao identificar as diversas expressões culturais do estado de São Paulo, Ikeda e Pellegrini Filho (2004, p. 171) recordam que essas têm como alicerce histórico três influências socioculturais: a indígena, a portuguesa e, posteriormente, a presença negro-africana: "Essa mistura de etnias que marca São Paulo, como de resto todo o Brasil, produziu uma grande variedade de práticas culturais" e também não foge da questão complexa que é a multiculturalidade para além da convergência dessas três matrizes, ao considerar que o próprio colonizador português é resultado de cruzamentos de povos diversos que ocorreram ao longo do tempo na Península Ibérica (incluindo os impactos da ocupação dos mouros por centenas de anos). Não se restringem a identificar essa mistura somente no grupo dos colonizadores e reforça o argumento com as questões dos africanos e indígenas:

> Por sua vez, a cultura genericamente identificada como negra tinha ampla diversidade. Recebemos no Brasil africanos de dois grandes grupos culturais, os sudaneses, embarcados na costa ocidental setentrional (incluindo alguns islamizados) e os bantos, nas costas meridionais. Pelo que se sabe, São Paulo recebeu, em um primeiro momento da colonização, principalmente escravos do grupo banto, das atuais regiões de Angola, Congo e Moçambique. Todavia, mesmo estes eram compostos de subgrupos que tinham proximidades tanto quanto distinções culturais. Por sua vez, também os indígenas se compunham de grupos bastante diferenciados (IKEDA; PELLEGRINI FILHO, 2004, p. 171).

Na relevância quanto à formação de tradição festiva o argumento de Hobsbawm e Ranger (1997) confirmam ser natural que as práticas sociais, que tendem a ser muito repetidas culminem na geração e em um certo número de convenções e rotinas, formalizadas de direito ou de fato, para facilitar a transmissão do costume. Tal ideia pode ser expressa com a geração das tradições como consequência das manifestações de cultura popular. Em poucas palavras, as tradições são reações a situações novas que ou assumem a forma de referência às situações anteriores, ou estabelecem seu próprio passado através da repetição quase que obrigatória.

Capítulo 3
DIMENSÕES DA HOSPITALIDADE NAS MANIFESTAÇÕES CULTURAIS DO BAIRRO

Quem nunca viu o samba amanhecer
Vai no Bexiga pra ver, vai no Bexiga pra ver
O samba não levanta mais poeira
Asfalto hoje cobriu o nosso chão
Lembrança eu tenho da Saracura
Saudade tenho do nosso cordão
Bexiga hoje é só arranha-céu
E não se vê mais a luz da Lua
Mas o Vai-Vai está firma no pedaço
E a tradição e o samba continua
(Música "Tradição", Geraldo Filme, 1980)

Neste capítulo buscou-se tratar as dimensões da hospitalidade de acolhimento, comensalidade e sociabilidade, aproveitando-se de seus conceitos associados, respectivamente, às três manifestações culturais que ocorrem no bairro: o ensaio da Escola de Samba Vai-Vai, a festa da Nossa Senhora Achiropita e o bolo de aniversário da cidade de São Paulo. Buscou-se então entender como o acolhimento dos sujeitos que colaboraram para a origem da escola contribuiu para a permanência nesse território historicamente ocupado pelos negros; também a importância e a prátca da comensalidade durante a Festa da Achiropita; e, a dinâmica na manifestação do bolo de aniversário da cidade de São Paulo pode ser compreendido como um processo de sociabilidade entre os partícipes.

Manifestações culturais do Bixiga

A definição de cultura a partir da obra de Raymond Williams (1969) possibilita discussão principalmente devido à complexidade do termo. Em seu livro, Cultura e Sociedade, com recorte temporal entre 1780 e 1950, trata os significados de quatro palavras chave: "indústria", "democracia", "classe" e "arte" que antecedem e contribuem para a inteligibilidade do termo "cultura". Esses conceitos extrapolam a etimologia ou a origem arcaica das palavras, eles evoluem concomitantemente com o período histórico no qual o conjunto de palavras passam a fazer parte do cotidiano social, assumindo inclusive diferentes significados, relacionando-a às suas origens e aos seus efeitos.

As questões defendidas por Williams (1992, p. 18) implicadas no entendimento de cultura decorrem diretamente das grandes transformações históricas vinculadas aos demais termos (indústria, democracia, classe e arte), "a evolução da palavra cultura dá testemunho de numerosas reações, importantes e continuadas, a essas alterações de vida social, econômica e política e pode ser encarada, em si mesma, como um especial tipo de roteiro, que permite explorar a natureza dessas mesmas alterações". Sendo assim, Williams (1969) não se limita a apenas um significado e aponta suas transformações:

> Anteriormente significara, primordialmente, "tendência de crescimento natural" e, depois, por analogia, um processo de treinamento humano. Mas este último emprego, que implicava, habitualmente, cultura de alguma coisa, alterou-se, no século dezenove, no sentido de cultura como tal, bastante por si mesma. Veio a significar, de começo, "um estado geral ou disposição de espírito", em relação estreita com a idéia de perfeição

> humana. Depois passou a corresponder a "estado geral de desenvolvimento intelectual no conjunto da sociedade". Mais tarde, correspondeu a "corpo geral das artes". Mais tarde ainda, ao final do século [XX], veio a indicar "todo um sistema de vida, no seu aspecto material, intelectual e espiritual" (WILLIAMS, 1969, p. 18).

Ao confirmar a problemática, Hall (2006, p. 134-136) afirma que o "conceito continua complexo – um local de interesses convergentes, em vez de uma ideia lógica ou conceitualmente clara. Essa "riqueza" é uma área de contínua tensão e dificuldade no campo" e, utilizando suas conclusões, colabora com algumas características e maneiras de definir cultura que poderão, ou não, serem relacionais e/ou complementares: (I) "cultura não é uma prática; nem apenas a soma descritiva dos costumes e "culturas populares" das sociedades"; (II) perpassa, soma-se e se interrelaciona com todas as práticas sociais; (III) "A cultura é esse padrão de organização, essas formas características de energia humana que podem ser descobertas como reveladoras de si mesmas [...] dentro ou subjacente a todas as demais práticas sociais"; por fim, (IV) propõe que ao analisar a cultura, tenta-se descobrir "a natureza da organização que forma o complexo desses relacionamentos", "a descoberta de padrões característicos" através do estudo da organização geral em um caso particular".

Partindo das definições de cultura, arrisca-se que as manifestações culturais de um povo advêm da necessidade de explicitar suas crenças e rotinas mediante práticas sociais realizadas por grupos pertencentes (ou não) a uma mesma sociedade, comunidade ou etnia que desenvolveram em conjunto os mesmos costumes ou hábitos, afim de garantir a sua permanência e algumas vezes, instaurando como tradição essas atividades.

Com atenção voltada aos estudos realizados por Lucena (2013, p. 215), que identificou as manifestações culturais imateriais ou intangíveis do Bixiga como patrimônio, incluindo as "manifestações artísticas, religiosas, hábitos, costumes, além de fatos e personagens marcantes da história local" confluem com os objetivos dessa pesquisa, portanto a descrição detalhada pela autora apresenta a atmosfera cultural vivida/percebida no bairro:

> [...] Os festejos, a culinária, o presunto e o provolone dependurados no teto de uma cantina, uma vestimenta, uma alegoria ou um instrumento de escola de samba, os labirintos dos imóveis transformados em casas coletivas, os ateliês de artesãos, os fragmentos de canções e os ritmos das músicas, as sutilezas dos mercadinhos, como ponto de encontro e espaço para o jogo do dominó, as roupas antigas expostas em brechós, os móveis e objetos antigos expostos à venda em antiquários, os teatros e casas de cultura se tornam verdadeiros monumentos, com suas ramificações que penetram a rede da vida cotidiana (LUCENA, 2013, p. 215).

As manifestações culturais do Bixiga foram inventariadas nessa pesquisa utilizando como critérios suas ocorrências no espaço público e limites do oficial bairro Bela Vista. Algumas evidenciadas no primeiro contato com os informantes, devido à tradição percebida, seja pelo tempo de ocorrência, participação social ou valor subjetivo. Porém fazem parte de um conjunto mais amplo que totaliza 10 manifestações de diferentes relevâncias até aquelas cujo sucesso atrai turistas e visitantes de outros lugares, todas apresentadas no mapa 12.

Mapa 12: Identificação dos locais onde ocorrem as manifestações culturais inventariadas

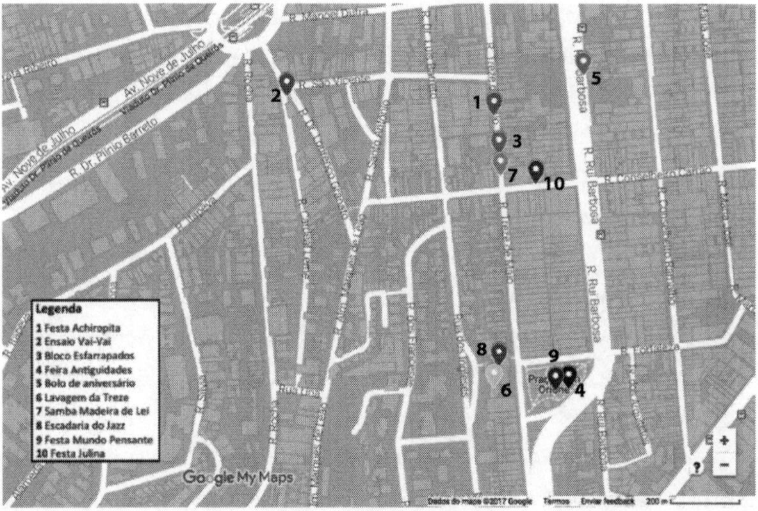

Fonte: o autor (2017)

Ao visualizar o mapa 12 revela-se a marcação das atividades em uma área geográfica do bairro relativamente limitadora, precisamente concentradas ao longo da rua Treze de Maio, o que denota a centralidade e importância da via para o bairro, como exceção observa-se a manifestação cultural de número 2, relativa ao ensaio da Escola de Samba Vai-Vai que surgiu e permaneceu na região do rio Saracura.

As manifestações culturais foram catalogadas individualmente nos quadros de um a dez, ordenadas de forma cronológica: algumas ocorrem há mais de setenta anos, outras restringiram-se a primeira edição em caráter experimental, e outras possivelmente não venham mais a ocorrer, por motivos variados, seja pelo insucesso ou mesmo pela ausência de qualquer modalidade apoio.

Os quadros foram organizados de forma a sistematizar informações das dez manifestações culturais inventariadas e contribuir para a construção de uma imagem mais ampla (mas não completa) da diversidade do bairro. Indexadas conforme numeração vinculada ao mapa 12, as categorias utilizadas foram: (I) nome da manifestação cultural, aquele utilizado publicamente como referencial; (II) grupo étnico, indicando a percepção quanto à predominância ou responsabilidade quanto ao seu surgimento e manutenção; (III) local, indicando a localização geográfica no bairro; (IV) ano de origem, considerando as indicações dos entrevistados ou fonte documental; (V) ocorrência, indicando a periodicidade da manifestação; (VI) data, para o dia(s) ou mês(es) em que o evento ocorre(u); (VII) finalidade, qual seu o objetivo principal/inicial; (VIII) dinâmica social, traz a percepção observada ou expressada pelos participantes das manifestações; (IX) participantes, público interveniente à manifestação; e, por fim (X) uma imagem fotográfica com o objetivo de caracterizar a manifestação no cenário do espaço público.

Quadro 1: Festa Nossa Senhora Achiropita

Identificação	1
Manifestação	Festa Nossa Senhora Achiropita
Grupo étnico	Italiano
Local	Ruas Treze de maio, São Vicente, Dr. Luis Barreto
Ano de origem	1926
Ocorrência	Anual
Data	Durante os finais de semana de agosto
Finalidade	Religiosa
Dinâmica social	Comemora-se a santa italiana; Religião; Assistencialismo; Caridade; Comensalismo; Tradição; Turismo; Solidariedade
Participantes	Moradores; Comerciantes; Trabalhadores; Comunidade; Turistas
Imagem	Do autor (2016)

Fonte: o autor (2016)

Quadro 2: Ensaio da Escola de Samba Vai-Vai

Identificação	2
Manifestação	Ensaio da Escola de Samba Vai-Vai
Grupo étnico	Afro
Local	Entre as ruas Cardeal Leme e Dr. Lourenço Granato
Ano de origem	1930
Ocorrência	De novembro até a terça-feira de Carnaval
Data	Terça e quinta-feira, domingo
Finalidade	Carnaval
Dinâmica social	Apresentação e treino do enredo; Entrosamento integrantes e passistas; Acolhimento; Sociabilidade
Participantes	Membros da escola; Moradores; Comunidade; Turistas
Imagem	Do autor (2016)

Fonte: o autor (2016)

Quadro 3: Bloco dos Esfarrapados

Identificação	3
Manifestação	Bloco dos Esfarrados
Grupo étnico	Misto
Local	Concentração rua Treze de maio; Circuito logradouros públicos;
Ano de origem	1947
Ocorrência	Anual
Data	Segunda-feira de carnaval
Finalidade	Carnaval
Dinâmica social	Lazer; Festa; Tradição; Turismo; Cultura carnavalesca
Participantes	Moradores; Comunidade; Foliões; Turistas
Imagem	Do autor (2016)

Fonte: o autor (2016)

Quadro 4: Feira de Antiguidades

Identificação	4
Manifestação	Feira de Antiguidades
Grupo étnico	Misto
Local	Praça Dom Orione, calçadas das ruas Fortaleza, Rui Barbosa e Treze de maio e escadaria
Ano de origem	1982
Ocorrência	Semanal
Data	Domingo
Finalidade	Comercial
Dinâmica social	Comércio especializado em antiguidades; Comércio de chão; Comércio informal e da troca; Turismo
Participantes	Comerciantes; Trabalhadores; Moradores; Turistas
Imagem	Do autor (2016)

Fonte: o autor (2016)

Quadro 5: Bolo de Aniversário

Identificação	5
Manifestação	Bolo de aniversário da cidade de São Paulo
Grupo étnico	Misto
Local	Avenida Rui Barbosa, entre as ruas Manuel Dutra e Conselheiro Carrão
Ano de origem	1985
Ocorrência	Anual
Data	25 de janeiro
Finalidade	Comemorativa
Dinâmica social	Comemora-se o aniversário da cidade de São Paulo; Sociabilidade; Comensalismo; Tradição; Turismo
Participantes	Moradores; Comunidade; Turistas
Imagem	Do autor (2016)

Fonte: o autor (2016)

Quadro 6: Lavagem da rua Treze de maio

Identificação	6
Manifestação	Lavagem da rua Treze de maio
Grupo étnico	Afro
Local	Rua Treze de maio
Ano de origem	2013
Ocorrência	Anual
Data	13 de maio
Finalidade	Religiosa
Dinâmica social	Comemora-se a libertação da escravatura; Religião afro; Orgulho afro; Sociabilidade
Participantes	Grupos religiosos; Grupos artísticos; Moradores; Comunidade
Imagem	Do autor (2017)

Fonte: Gabriel Soares (2016)

Quadro 7: Samba Grupo Madeira de Lei

Identificação	7
Manifestação	Samba Madeira de Lei
Grupo étnico	Misto
Local	Rua Treze de maio
Ano de origem	2013
Ocorrência	Semanal
Data	Sexta-feira
Finalidade	Entretenimento
Dinâmica social	Apresentação musical Grupo Madeira de Lei; Sociabilidade; Lazer; Tradição
Participantes	Moradores; Comunidade; Turistas
Imagem	Do autor (2016)

Fonte: o autor (2016)

Quadro 8: Escadaria do Jazz

Identificação	8
Manifestação	Escadaria do Jazz
Grupo étnico	Misto
Local	Escadaria que liga a rua Treze de maio ao Morro dos ingleses
Ano de origem	2014
Ocorrência	Quinzenal
Data	Primeiro e último sábado de cada mês
Finalidade	Entretenimento
Dinâmica social	Apresentação musical; Lazer; Sociabilidade
Participantes	Grupos artísticos; Moradores; Comerciantes; Trabalhadores; Comunidade; Turistas
Imagem	Do autor (2016)

Fonte: o autor (2016)

Quadro 9: Festa Mundo Pensante

Identificação	9
Manifestação	Festa Mundo Pensante
Grupo étnico	Misto
Local	Praça Dom Orione e escadaria
Ano de origem	2016
Ocorrência	Esporádica
Data	Sábado
Finalidade	Cultural
Dinâmica social	Festa pública com apresentação musical promovida pela casa noturna Mundo Pensante; Lazer; Sociabilidade
Participantes	Moradores; Comerciantes; Comunidade; Turistas
Imagem	Do autor (2016)

Fonte: o autor (2016)

Quadro 10: Festa Julina Comunitária

Identificação	10
Manifestação	Festa Julina Comunitária
Grupo étnico	Misto
Local	Rua Conselheiro Carrão, Espaço Cultural Bela Vista
Ano de origem	2016
Ocorrência	Anual
Data	Julho
Finalidade	Entretenimento
Dinâmica social	Festa brasileira; Sociabilidade; Tradição; Cultura nordestina
Participantes	Grupos artísticos; Moradores; Comunidade; Turistas
Imagem	Maina Fantini (2016)

Fonte: Maína Fantini (2016)

O surgimento das manifestações culturais no bairro do Bixiga é dinâmico e por vezes espontâneo – ao considerar que existem várias frentes e grupos que as promovem – e o inventário levantado não revela na totalidade o contingente de manifestações, no entanto, reforça seu potencial em acolher manifestações que possam surgir.

Comensalidade na festa da Nossa Senhora Achiropita

O ato de comer em grupo comporta diversos valores simbólicos, um deles "consiste no fato de o(a) recém-chegado(a) estabelecer o direito de partilhar do alimento pertencente ao grupo, um pequeno mas importante ato de hospitalidade, denotando sua aceitação pelos demais" (SELWYN, 2004, p. 27). Ainda para Selwyn (2004), a festa e a hospitalidade expressam e/ou estabelecem vínculos entre grupos, são parte integrante dos processos de iniciar as alianças entre eles; e, em sociedades primitivas as festas também, ocasionalmente se converterem em batalhas, pois a aceitação e a inclusão podem se transformar em hostilidade, rejeição e até mesmo, expulsão. "Essa contradição em si revela uma continuidade, pois a hospitalidade e a hostilidade tem em comum o fato de que ambas são expressões da existência de um relacionamento e não de sua negação" (SELWYN, 2004, p. 28).

Para Boutaud (2011), compartilhar a mesa ou a sua refeição com alguém é uma das formas mais reconhecidas de hospitalidade, assumindo então um significado ritual e simbólico superior à simples satisfação de uma necessidade fisiológica, e define, essa forma de partilha, de troca e de reconhecimento como comensalidade. Segundo Corbeau e Poulain (2002 apud BOUTAUD, 2011, p. 1213), "Os comensais podem comer uns ao lado dos outros sem nunca trocar nem um sorriso, o menor propósito nem a menor gentileza". Logo, não se trata só de comer, mas comer em comum e de ser visto comendo sob o olhar dos outros.

Figura 8: Participantes comendo na 89ª Festa da Achiropita

Fonte: o autor (2015)

Figura 9: Participantes comendo na 90ª Festa da Achiropita

Fonte: o autor (2016)

Nas figuras 8 e 9 notam-se algumas pessoas alimentando-se dos pratos típicos comercializados durante o evento. Embora acompanhadas de familiares ou amigos, as pessoas que participam do ato de comer juntas são variadas e desconhecidas, e apesar da falta de conforto, o ato de comer em grupo é percebido. O cenário chama a atenção por ser público e não respeitar nenhuma norma de etiqueta, cerimônia ou higiene (o que não significa a ausência dela). De acordo com a entrevistada 4, o diferencial está na exclusividade dos alimentos disponíveis durante a festa; o prazer em consumi-los está relacionado com a quebra da rotina, do lazer, considerando que a ocorrência anual da festa e a experiência em comer "a melhor" (comida italiana) no "lugar certo" (bairro italiano).

> *Com certeza tem gente que vem pela comida, que vem porque é um passeio, porque é aquela comida mais popular que você consegue comer na rua e se alimentar bem, tem gente que vem porque sabe que só acontece uma vez por ano, gente que vem porque sabe que a fogazza você só vai comer ali, naquele lugar, você não tem outro lugar igual a esse.* (Entrevistada 4, entrevista concedida em agosto 2015)

Para Montandon (2011, p. 31) "Uma das primeiríssimas coisas que marcam a atitude do hospedeiro é o gesto de oferecer bebida e comida" e, para Fernandes (1997), as manifestações da comensalidade promovem convivialidade tanto por meio da produção do ingrediente e das iguarias, quanto da partilha da refeição e das festas, que acontecem em lugares determinados e constituem um sistema de comunicação entre pessoas.

Figura 10: Voluntárias durante a produção dos alimentos ofertados na 89ª Festa da Achiropita

Fonte: o autor (2015)

Cena comum todos os anos é o agrupamento de mulheres da comunidade (figura 10), elas se reúnem voluntariamente durante os trinta dias do mês de agosto para a produção, na cozinha anexa à igreja, dos alimentos vendidos na festa. Ao atentar para a composição da imagem, é possível perceber inicialmente a concentração das voluntárias na preparação e manuseio dos alimentos, a higiene é fator de destaque considerando que as quatros senhoras que aparecem na imagem utilizam touca higiênica para a proteção dos cabelos, bem como aventais (durante a visita de campo foi possível observar que os itens eram utilizados por todas as voluntárias). Apesar da atividade repetitiva e cansativa (devido ao volume de produção), o ambiente observado de trabalho é descontraído, de convívio harmônico e alegre entre as participantes.

Para entender o início da manifestação em homenagem à Nossa Senhora Achiropita é necessário discorrer sobre sua própria história. A imagem original da santa é venerada desde o século XII pelos calabreses na cidade de Rossano, ao sul da Itália, local onde hoje encontra-se uma catedral com pintura que originou a estátua honrada na igreja localizada à rua Treze de Maio, no Bixiga, em São Paulo.

De acordo com uma das entrevistadas, neta de imigrantes italianos e partícipe das atividades da Paróquia desde criança, a imagem exposta na igreja foi encomendada na Itália pelos moradores italianos do bairro, chegando ao Bixiga em 1904. Em contraponto a essa informação, de acordo com Lucena (1983) a imagem começou a ser venerada pelos fiéis por volta de 1908, na casa de José Falcone, na rua Treze de Maio, número 100, local de reunião para novenas em adoração à Nossa Senhora Achiropita. No depoimento de Armandinho do Bexiga (MORENO, 1996, p. 91) fica clara a sua longevidade:

> A festa de Nossa Senhora da Achiropita é a mais tradicional do bairro, sem dúvida. [...] a festa tem quase 90 anos. Antes era uma capela, não era reconhecida pelo clero, não tinha padre e todo casamento ou batizado tinha que ser feito na Igreja do Divino Espirito Santo, na rua Frei Caneca [...]. No dia 19 de março de 1926, o clero reconheceu aqui como Igreja graças ao esforço do coronel Nicolau dos Santos. Então hoje a turma da Achiropita fala dos 68 anos de festa, mas eu tenho depoimentos que desmentem isso, inclusive do "seu" José Scaramuzza [...]. Ele era um grande festeiro e eu tenho o depoimento dele dizendo que em 1906 já existia a festa, maior do que hoje. Vinham até bandas da Itália tocar.

Com o tempo, houve a necessidade da construção de uma capela para abrigar a santa Nossa Senhora Achiropita e a partir de então, em 1910 foi constituída uma comissão, que se reuniu para comprar o terreno com essa finalidade. Portanto, durante os dias 13, 14 e 15 de agosto as missas e festa em homenagem à padroeira eram celebradas. Ao final dos festejos a imagem retornava à casa de José Falcone onde permanecia até o próximo agosto. O local escolhido foi o da atual igreja, cuja primeira construção consistia em um quarto grande com uma pequena porta.

> O zelador era José Falcone e, no ano de 1910, deu-se início às grandes quermesses. Eram realizadas na Rua Treze de Maio, iniciava-se nas esquinas com a Manoel Dutra e Conselheiro Carrão, havia muitas barracas, bandas, uma era conhecida pelo nome de Berzagliere. As luzes eram colocadas nas Ruas 13 de Maio, entre a Monoel Dutra até a Brigadeiro Luís Antônio, Rui Barbosa e Fortaleza (LUCENA, 1983, p. 124).

Com o acontecimento anual da festa já consolidado, em alguns anos a comissão comprou, com o dinheiro arrecadado, a casa ao lado da pequena capela, firmando em 1916 a primeira expansão da capela que era aberta somente para os festejos, a partir desse momento passou a chamar-se Igreja de São José do Bexiga, subordinada à Paróquia do Divino Espírito Santo da Bela Vista (LUCENA, 1984, p. 125).

Foi registrada em 1918 a fundação oficial da capela, quando o grupo de calabreses da colônia de Rossano dá um novo impulso à construção, mas é em março de 1925 que recebe autorização do arcebispo de São Paulo, D. Leopoldo Duarte e Silva para o funcionamento e, em 1926, com o decreto de 4 de março, criou-

-se a paróquia de São José do Bexiga, desmembrando-se da paróquia do Espírito Santo da Bela Vista. (LUCENA, 1983, p. 125)

Há relatos de que o nome da Paróquia cujo homenageado é São José, deve-se ao fato de haver um contingente expressivo de fiéis a outra santa italiana, Nossa Senhora do Ribalta, essa da região de Puglia, na cidade de Cerignolla; a devoção a ela em detrimento da Nossa Senhora da Achiropita já foi motivo de discórdia entre os fiéis. "As missas no Bexiga eram tão concorridas que obrigaram o padre a planejar mais de uma missa por domingo" (GRÜNSPUN, 1979, p. 97), o que já caracterizava uma devota e religiosa população.

Em 1926, a edição da festa lucrou o suficiente para pagar as dívidas anteriores da igreja, porém mesmo com a construção sendo realizada por alguns moradores, as obras tiveram que ser paralisadas diversas vezes.

De acordo com relatos de Grünspun (1979), na década de 1930 havia duas quermesses[1] por ano e nesse mesmo período foi reduzida a apenas uma, se levantavam ripas entre os dois lados da rua para a instalação de lâmpadas coloridas, de modo a caracterizar o principal quarteirão do evento. Os arcos localizados nas duas entradas da rua Treze de Maio, limitavam o acesso à via para qualquer tipo de veículo durante uma semana, ou seja, os sete dias de duração da quermesse.

Embora não exista registros oficiais sobre a finalização das obras, talvez pelo fato da igreja vir adquirindo imóveis e promovendo obras desde então, foi em 1 de junho de 1949 que o cardeal arcebispo despachou favoravelmente a solicitação do Padre Carmelo Putorti para que a capela fosse dedicada oficialmente

1 Grünspun (1979) somente relata o acontecimento da quermesse, sem nomeá-la como Festa da Nossa Senhora Achiropita.

à padroeira da paróquia, Nossa Senhora Achiropita, alegando principalmente a consideração dos fiéis.

> A igreja continuou crescendo juntamente com as suas atividades sociais e trabalhos comunitários. Sempre foi realizado o Natal dos Pobres, e, também criado o orfanato, bazares, creche e a campanha da fraternidade. A tradição da festa de 15 de agosto é mantida com procissão e quermesse, onde se misturam folclore, misticismo, religiosidade, muita música e comida italiana (LUCENA, 1983, p. 130).

A festa passou por transformações significativas ao longo desses anos, desde a realização no espaço interno da igreja com apenas quatro barracas, até tomar impulso da comunidade passando a ocorrer durante todos os finais de semana do mês de agosto (e não somente nos dias 13, 14 e 15), se restabelecendo como o principal evento do bairro e ocupando lugar de destaque no calendário oficial de eventos da cidade de São Paulo.

O tamanho do evento, a ocupação das ruas, a dimensão da produção e do público da festa são destaque dentre as três tradicionais festas italianas da cidade de São Paulo, as outras duas são: a Festa de São Vito, que ocorre nos finais de semana de junho e ocupa dois locais da Rua Polignano A. Mare no bairro do Brás; e, a Festa de San Gennaro, que ocorre na Rua da Mooca, em frente à Paróquia San Gennaro, aos sábados e domingos do mês de setembro.

Na edição da Festa da Achiropita de 2015, o evento ocupou três ruas do bairro,[2] fechadas para o tráfego de carros a partir das 17 horas até meia-noite aos sábados e domingos. Nesse mesmo ano trinta

2 Ruas Treze de Maio, São Vicente e Doutor Luis Barreto.

e seis barracas ofereciam comidas típicas, bebidas, doces, presentes e brincadeiras, além do espaço destinado a brinquedos infantis como pula-pula, cama elástica, etc., conforme mostra a figura 11.

Figura 11: Mapa da 89ª Festa da Achiropita com detalhamento das barracas

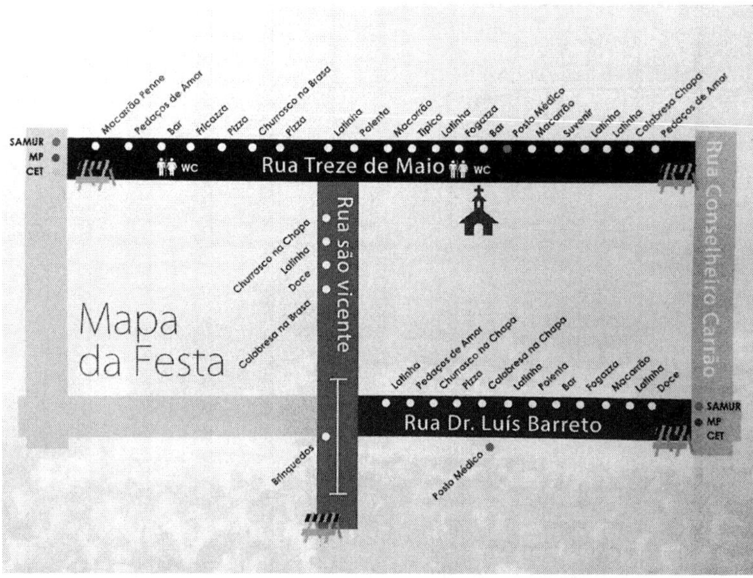

Fonte: Guia impresso da 89º Festa da Achiropita (2015)

Grünspun (1979, p. 102) descreve, a partir de suas memórias, a quermesse que já ocorria nos anos de 1930: "era o programa festivo em que o bairro se reunia numa quadra com a igreja como centro de sua vibração e talvez a sensação de viver como gente", responsável pela interação com outros grupos de pessoas "com raças, línguas e costumes diferentes, que se miscigenaram com alegria e que apesar dos problemas São Paulo era uma terra que conquistara a todos".

A Festa da Nossa Senhora Achiropita é vivida pela comunidade como um momento de vida intensa em ruptura com a vida cotidiana. A começar que visualmente há um painel fixo na rua demarcando a "entrada da festa", que iluminado informa a edição e os patrocinadores do evento. Durante o mês de agosto, a principal rua do bairro, Treze de Maio onde fica localizada a igreja da Nossa Senhora Achiropita, fica tomada por enfeites aéreos (figura 12) ao longo dos quarteirões onde ocorre a festa, marcando o tom festivo da comunidade com bandeirolas nas cores da bandeira italiana: vermelha, branca e verde.

Figura 12: Enfeites fixados nas ruas onde ocorre a festa da Nossa Senhora Achiropita

Fonte: o autor (2015)

Destaca-se que a oferta de alimentos surgiu somente na metade da década de 1930, e esses não eram de produção e responsabilidade da paróquia; ambulantes ficavam nas proximidades vendendo variedade restrita de itens, como pipocas e cuscuz (GRÜNSPUN, 1979, p. 102). Esse aspecto também é reforçado pelo entrevistado 5:

> *Entrevistado: Aqui tinha a Nossa Senhora da Achiropita, tinha uma festa que era modesta, em frente à igreja. Hoje...*
>
> *Entrevistador: ...essa festa modesta, você lembra de quando, qual era a data?*
>
> *Entrevistado: Sempre é nessa data.*
>
> *Entrevistador: E a festa era dentro da igreja ou fora?*
>
> *Entrevistado: Era na porta, tipo uma quermesse. Mas era uma coisa que a gente, vamos dizer, era modesta, entendeu? Eu não me lembro a partir de quando começou essa festa, eu sei que pelo menos de uns 30 anos para cá, ela começou a crescer.*
>
> *Entrevistador: Naquela época, a festa durava mais de uma semana?*
>
> *Entrevistado: Eu acho que não.*
>
> *Entrevistador: Tinha comida?*
>
> *Entrevistado: Eu acho que tinha comida, mas era uma coisa mais modesta, (a fogazza), mas era tudo pequenininho, sabe? Era uma festa muito forte, porque a Achiropita era a igreja – isso você pode ver nos anais – pergunta da igreja, quando começou realmente a festa, porque isso já mistura um pouco na minha cabeça, entendeu?* (Entrevistado 5, entrevista concedida em junho de 2016).

Foi entre os anos de 1950 e 1960 que surgiu a primeira barraca de alimentos organizada pelos voluntários da festa, oferecia o sanduíche de pernil e pipoca e eram produzidos pelas senhoras da comunidade, dessa forma agregando mais uma tradição à festa além de uma nova forma de arrecadação (Livro comemorativo Achiropita 80 anos, 2006). Amaral (1998, p. 136-137) traz referências sobre a prática:

> A comida também foi introduzida, mais tarde, na festa, que até então seguia o estilo de quermesse. A descoberta do interesse do público em geral pela comida das "mammas" resultou em que ela fosse introduzida na festa, em barracas, o que afinal acabou se tornando tradição.

A partir de 1980 é que a festa se aproximou do formato mais estruturado que possui hoje, de acordo com a entrevistada 4, nesse ano a festa contava com treze barracas no total e aproximadamente duzentos voluntários; três anos depois foram montadas vinte e duas barracas com cerca de 350 voluntários. Ao final da década de 1980, houve a reestruturação: uma equipe de festa foi formada e constituída por casais participantes da paróquia, cada qual com funções preestabelecidas (a ocupação das funções é rotativa ano a ano), como: cozinha e almoxarifado, finanças e compras, relações públicas, manutenção e montagem. Essa estrutura organizacional permaneceu com pequenas alterações até a edição de 2016.

Figura 13: Equipe trabalhando na cozinha de escala industrial montada dentro das dependências da paróquia

Fonte: o autor (2015)

A dimensão da produção culinária pode ser calculada ao visualizar a figura 13, que mostra ao menos nove caldeirões com mais de vinte litros de molho de tomate cada, produzidos diariamente durante um mês, para serem comercializados durante os quatro finais de semana da festa. Para essa produção, bem como para outras atividades técnicas, que necessitam de força física ou conhecimento especializado, são contratados profissionais (em detrimento à mão-de-obra voluntária).

Amaral (1998, p. 130-131) reforça, quanto ao formato e tipos de comida oferecidos na 72ª Festa da Nossa Senhora Achiropita:

> Ali são servidas, também, deliciosas comidas italianas, preparadas carinhosamente pelas "*mammas*" (mães italianas, ou que dominam a preparação dos quitutes italianos) da comu-

> nidade. A partir das terças-feiras, em todas as semanas, as "*mammas*" se envolvem em tempo integral na preparação de pratos como fogaça, *fricazza*, espaguete à moda Achiropita, polenta, antepastos, *peperoni al forno*, *melanzana al forno*, *sfogliatelli* e *canolli*, entre várias outras especialidades bastante disputadas. Os preços na Cantina são mais altos que os da rua, e muitos participantes da festa dizem que na Cantina a comida é, também, melhor.

Há também a "Cantina Madonna Achiropita" que é um evento concomitante à festa de rua: são jantares, realizados aos sábados e domingos, onde são servidos em mesas de quatro lugares e toalha de tecido, pratos frios e quentes de especialidade italiana juntamente com apresentações de música italiana típica ao vivo, danças e sorteio de brindes. Os ingressos para esse recinto incluem o jantar individual e é vendido antecipadamente pelos mesmos organizadores da festa, no guichê localizado na lateral da entrada da igreja.

Sociabilidade na festa de aniversário da cidade de São Paulo

Faz-se referência à sociabilidade a proposição de que a interação entre indivíduos e a definição de sociedade como "um estar com o outro, para um outro, contra um outro que, através do veículo dos impulsos ou propósitos, forma e desenvolve os conteúdos e os interesses materiais ou individuais" (SIMMEL, 1983, p. 168). O fenômeno resultante da liberação dos indivíduos (de uma sociedade) de todos os laços com esses conteúdos e interesses pode ser chamado de sociabilidade. Outro conceito mencionado pelo autor é o de *sociação*, que foi definido como

> [...] a forma (realizada de incontáveis maneiras) pela qual os indivíduos se agrupam em unidades que satisfazem seus interesses. Esses interesses, quer sejam sensuais ou ideais, temporários ou duradouros, conscientes ou inconscientes, causais ou teleológicos, formam a base das sociedades humanas. [...] Interesses e necessidades específicas certamente fazem com que os homens se unam em associações econômicas, em irmandades de sangue, em sociedades religiosas, em quadrilhas de bandidos. [...] todas essas sociações também se caracterizam, precisamente, por um sentimento, entre seus membros, de estarem sociados, e pela satisfação derivada disso (SIMMEL, 1983, p. 166-168).

Sendo a categoria interesses o que diferencia *sociação* de sociabilidade; "a sociabilidade só pode dar-se na neutralização, mesmo que momentânea, das diferenças dos contrastes individuais, na absoluta gratuidade de seu fazer-se, na sublimação da realidade" (SIMMEL, 1983, p. 168) e mostra mais interesse na forma como as relações dentro da sociedade acontecem, ou seja, nas formas que assumem na prática, do que no conteúdo dessas práticas. Ou ainda:

> A sociabilidade é vista como um sentimento. O sentimento de estar se relacionando com outras pessoas e estar tendo prazer com esse relacionamento. Deve ser um sentimento de satisfação, de prazer, por estar integrado a um grupo com o objetivo exclusivo de gozar a relação com outras pessoas (SIMMEL, 1983, p. 168).

Segundo afirma Simmel (1983, p. 173) é devido à verdadeira natureza que o indivíduo deve renunciar a seus objetivos individuais, a ponto de tornarem-se socialmente iguais e que "cada um deles deve obter valores de sociabilidade para si mesmo apenas se os outros com quem interage também os obtêm", e reforça que

> A sociabilidade é o jogo no qual se "faz de conta" que são todos iguais e, ao mesmo tempo, se faz de conta que cada um é reverenciado em particular; e "fazer de conta" não é mentira mais do que o jogo ou a arte. São mentira quando a ação e a conversa sociável se tornam meros instrumentos das intenções e dos eventos da realidade prática.

Assim, para haver sociabilidade é necessário que as diferenças devem ser colocadas de lado, o que não ocorre na sociedade ou *sociação*, e que "à medida que essas diferenças são muito profundas entre os indivíduos a possibilidade de existir sociabilidade entre eles será menor" (CETRULO, 1999, p. 17) e Simmel (1983, p. 171) traz a expressão "limiares de sociabilidade" que "são transpostos quando os indivíduos interagem motivados por propósitos e conteúdos objetivos e quando seus aspectos subjetivos e inteiramente pessoais se fazem sentir".

Não é possível pensar a cidade, especialmente as metrópoles, como o lugar da solidão e do individualismo, como o senso comum tende a estereotipar. Na verdade, vivem-se, atualmente, novos tipos de associação, com bases mais "afetivas", que têm no partilhar um gosto comum e práticas comuns seu elemento mais notável (AMARAL, 1998, p. 111).

Na condição da participação:

> A sociabilidade pode ser entendida também como o sentimento do indivíduo por participar de vários grupos não se tratando, entretanto, de uma designação para um outro tipo de grupo social. A sociabilidade pode existir mais fortemente na comunidade do que na sociedade. A sociabilidade é a satisfação sentida na relação social de um indivíduo com outros em grupos sociais dos mais diferenciados (CETRULO, 1999, p. 21).

Ao diferenciar sociedade e comunidade, Magnani (1996, p. 24) afirma:

> Na realidade trata-se de dois padrões, dois tipos ideais de interação social: sociedade implica relações secundárias, vínculos impessoais, visão racional, atitudes utilitaristas – enquanto comunidade evoca relações face a face, sentimento de solidariedade, obediência à tradição, rígido controle social, etc. Relações "societárias" e "comunitárias" não constituem características exclusivas de uma forma determinada de organização social: coexistem, imbricam-se.

A pertinência em relacionar a sociabilidade como dimensão da hospitalidade especialmente ao evento comemorativo do aniversário da cidade de São Paulo (considerando que possivelmente haja sociabilidade nos demais eventos do bairro) dá-se pela gratuidade e originalidade no formato da manifestação cultural, pois apadrinha aqueles que pertencem principalmente ao bairro (comunidade), mas também ao visitante sem segregação de nenhuma espécie, onde nem mesmo a desigualdade entre os participantes é percebida, é "vivida em espécies de jogos, nos quais uma das regras implícitas seria atuar como se todos fossem iguais" (FRÚGOLI JR., 2007, p. 9), pois sentem-se livres para atuar em seu melhor papel, apropriam-se do que é oferecido: o bolo, elemento central da comemoração do aniversário da cidade de São Paulo.

Frúgoli Jr. (2007), reforça a sociabilidade como o modo de organização da sociedade através de uma associação básica, sem qualquer interesse, propósitos ou objetivos que não seja a própria interação. O momento clímax da festa é a partilha do bolo (é inegável que os traços de hospitalidade à mesa poderia ser uma dimensão de análise nessa mesma manifestação), mas o "jogo" social em questão está nos critérios não verbais que se desenrola no curtíssimo tempo em que o bolo é oferecido. Nesse contexto de jogos e regras, onde cada uma das partes tem um papel, a sociabilidade é percebida principalmente quando as diferenças são deixadas de lado e o convívio e interação entre os participantes ocorrem desde a organização antes da abertura da proteção que cerca o bolo até o momento da sua partilha.

Ao reconhecer as colocações sobre sociabilidade apontadas pelos autores, identificou-se no trecho do depoimento do entrevistado 5, sinais da presença da sociabilidade presente no bairro, ao narrar a interação existente entres as diversas camadas de moradores e à memória da manifestação cultural:

> [...] *porque aqui é uma zona já chique* [referindo-se ao Morro dos Ingleses], *e no Bixiga todo mundo convive, há uma convivência perfeita aqui. Você vai na feira e encontra madame, como você encontra aquelas velhas italianas.*

> [...] aí apareceu a história do bolo. Eu não me lembro quando foi. Acho que nos anos 80, talvez 70. Esse bolo foi uma delícia, porque desde o começo, vinha todo mundo para comer o bolo, passou a ser um acontecimento (Entrevistado 5, entrevista concedida em junho de 2016).

Mediante o conteúdo coletado do entrevistado 1, foi possível identificar em seu discurso, o destaque dado ao bolo de aniversário da cidade de São Paulo:

> *Entrevistado: Aqui no bairro, o mais importante é o bolo de São Paulo.*
>
> *Entrevistador: Tem algum motivo especial?*
>
> *Entrevistado: Tem, porque na verdade o Armandinho que era meu parceiro, ele falou vou fazer um bolo comunitário, primeiro fizeram antes do bolo em homenagem ao aniversário de São Paulo, fizeram um bolo para a comunidade, cada um trazia um pedaço de bolo... e fizemos um bolo que foi calculado em 1.500 metros, foi feito todo em ziguezague. Isso tem fotografia e tudo...*
>
> *Entrevistador: E o tamanho tinha alguma relação com a idade da cidade?*
>
> *Entrevistado: Não, depois começamos a avaliar melhor e fazer o bolo de São Paulo, em 85, eu naquela época estava mais ou menos então fazia o bolo, o Armandinho nunca tinha um tostão, nunca trabalhou na vida, mas era um grande amigo da gente.*
>
> *Entrevistador: Essa festa continua? O bolo continua sendo feito?*

> *Entrevistado: Está sendo feito, de uma maneira meio diferente mas continua para manter a tradição* [...] (Entrevistado 1, entrevista concedida em junho de 2015).

Importante ressaltar no trecho acima que a primeira comemoração foi realizada com bolo ofertado em partes pela própria comunidade (cada participante trazia um pedaço para compor o todo), evidenciando a participação social na origem da manifestação que ocorreu na década de 1980.

Figura 14: Bolo de aniversário da cidade de São Paulo com 449 metros

Fonte: Arquivo Centro de Memória do Bixiga (2003)

Depois da primeira edição, o formato foi aprimorado, sua produção passou a ser realizada em cozinhas profissionais com a colaboração de patrocinadores e seu tamanho correspondia à idade da cidade de São Paulo em metros lineares. Percebe-se na figura 14 tratar-se da comemoração dos 449 anos, logo o tamanho linear do bolo foi de 449 metros. Nessa edição as logomarcas dos patrocinadores que viabilizaram o evento, sejam com ingredientes ou financeiramente, estão presentes na mesa do bolo como forma de divulgação; do lado esquerdo estão os participantes aguardando o momento da liberação para o acesso ao bolo, que não exigia nenhum código ou regra de etiqueta, sendo assim percebe-se que a maioria dos presentes possuem sacos plásticos para garantir seu(s) pedaço(s) de bolo.

Armandinho do Bixiga (MORENO, 1996, p. 203) evidencia a intenção em promover uma manifestação cultural para comemoração, que virou a festa do bolo de aniversário:

> O bolo sempre foi na [rua] Rui Barbosa. Em 1988 quebrei o recorde mundial, está para entrar no livro Guinness, foi 1.500 metros. Quando eu fiz o bolo pela primeira vez, estava com a intenção de fazer o bolo já com a idade de São Paulo, que era 390 e poucos anos. Eu fiz uns 200 metros numa confeitaria para garantir o bolo e pedi para a população de São Paulo inteiro para cada um trazer um pedaço. [...] no dia apareceu mais de 40 pessoas com os pedaços de bolo. [...] tem uma senhora que vem de Itaquera, toma o trem com o bolo na mão.

Para entender a trajetória e formato que o evento foi absorvendo Armandinho explica que nos primeiros três anos da festa o protocolo de cantar o "Parabéns" foi seguido antes da partilha do bolo, porém a partir do quarto ano o povo avançou imediatamente após o "Parabéns". No quinto e sexto ano o bolo foi alcançado pelos participantes cinco minutos antes do "Parabéns" e "nesse último ano [1994] avançaram uma hora e 20 minutos antes e o bolo acabou em 20 segundos" (MORENO, 1996, p. 206).

O formato e distribuição do bolo de aniversário da cidade de São Paulo descrita acima, converge com o que escreveu Brillat-Savarin (1995, p. 143) em 1825 sobre o universo gastronômico e comportamental que vivia nessa época que: "a *gourmandise* [gulodice] é um dos principais laços da sociedade; é ela que amplia gradualmente esse espírito de convivência que reúne a cada dia os diversos estados, funde-os num único todo, anima a conversa e suaviza as arestas da desigualdade convencional", ao sinalizar para a diminuição das diferenças em meio à confraternização (nesse caso com a excitação festiva), logo Brillat-Savarin aponta para o que Simmel (2004) define como sociabilidade:

> Por ser algo humano absolutamente universal, esse elemento fisiológico primitivo torna-se, exatamente por isso, o conteúdo de ações compartilhadas, permitindo assim o surgimento desse ente sociológico – a refeição – que irá aliar a frequência de estar junto e o costume de estar em companhia ao egoísmo exclusivista do ato de comer, de um modo que raramente se vê em outras esferas mais nobres ou espiritualmente mais elevadas. O incomensurável significado sociológico da refeição está contido na possibilidade de pessoas que não partilham interesses específicos se encontrarem para uma refeição em comum – possibilidade que se funda no primitivismo e,

portanto, na trivialidade do interesse material. (SIMMEL, 2004, p. 160)

Figura 15: Bolo de aniversário que comemorou os 462 anos da cidade de São Paulo

Fonte: o autor (2016)

Durante a festa realizada em 2016 (figura 15), na qual foram realizados registros de campo, observou-se que o formato inicial sofreu significativas alterações: não era mais do tamanho correspondente à idade da cidade de São Paulo (tinha aproximadamente 30 metros lineares) e o serviço era feito por voluntários de aventais e sem as devidas proteções de cabelo, que partiam o bolo em pequenos pedaços servidos no guardanapo para os participantes que se organizavam em fila única.

Figura 16: Cartaz "convite" com a programação completa do 462° aniversário da cidade de São Paulo, realizado no bairro Bixiga

Fonte: o autor (2016)

Figura 17: Fila para o serviço do bolo aos participantes do evento, durante o aniversário de 462 anos da cidade de São Paulo

Fonte: o autor (2016)

A cena principal do evento observado em janeiro de 2016, momento em que o bolo é servido pode ser comparado ao que Schemeil (2011, p. 1195) chamou de banquete ou refeição coletiva e descreveu-o (com abstenção de algumas etapas), como "um momento situado no meio de uma sequência de hospitalidade que compreende o envio do convite" que divulga a festa, seja no próprio bairro ou pela mídia, a exemplo do cartaz com todas as informações sobre o evento, apresentado na figura 16; "a acolhida e o posicionamento dos convidados" percebida pelo tom festivo através da banda e atores que se apresentavam, bem como na organização dos participantes em fila (figura 17); e, "a ingestão de alimentos sólidos e líquidos [...], que cumpre funções como a proclamação de uma identidade coletiva e é um argumento político que reforça laços sociais, além da formação de redes de sociabilidade, civilidade e pontes entre a esfera doméstica, política, privada e a pública", momento associado à distribuição efetiva do bolo.

Assim, a experiência urbana da comemoração situa-se em um lugar que torna as práticas possíveis, que de acordo com Grinover (2016, p. 182-184), são espaços de "sociabilidade transitória":

> [...] lugares onde não só se exprime a materialidade de sua arquitetura, mas também, e sobretudo, onde se colocam em jogo certas formas de relacionamentos e fazeres, convertendo-se nos lugares em que as pessoas vivem, habitam e se relacionam ao longo da sua jornada de trabalho e de lazer. A experiência urbana produz-se em espaços concretos e define-se na relação dialética interior e exterior, por meio de processos de autoinserção/ exclusão territorial. Quando se fala em experiência urbana, pretende-se caracterizá-la, antes de tudo, por certa cultura, a cultura urbana que, no sentido antropológico do termo, corresponde a certo sistema de valores, normas e relações sociais que possuem uma especificidade histórica e uma lógica própria de organização e de transformação.

Como reforço, Bueno (2008, p. 52) diz que "A festa, em todas as suas diferentes modalidades e seus múltiplos significados e contextos, têm em comum o fato de criar um espaço essencial para fortalecer e nutrir a rede das relações sociais [...] tem sempre um caráter participativo e a forma de convivialidade que ela cria, reforça e nutre os laços sociais".

Acolhimento e a Vai-Vai na região do Saracura

A região do Saracura foi assim indicada devido à área baixa (e alagadiça) onde corria junto ao rio Anhangabaú um riacho com esse nome. De um lado ficava a rua Saracura Grande e de outro a Saracura Pequena, a primeira passou a ser chamada Almirante Marques Leão e a segunda é a atual rua Rocha (BORGES, 2013, p. 115-116). O riacho soterrado é hoje a Avenida Nove de Julho e o polígono indicado no mapa 12, tratado aqui como região do Saracura.

Mapa 13: Delimitação do espaço destinado ao ensaio da Escola de Samba Vai-Vai

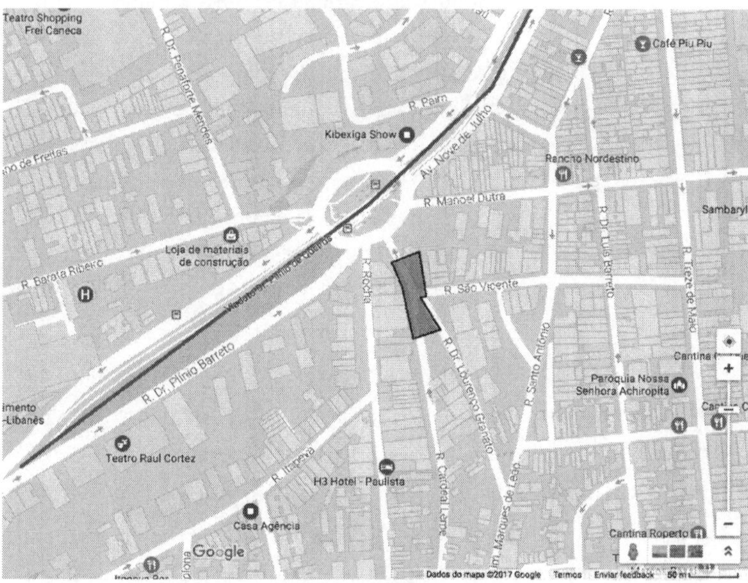

Fonte: o autor (2017)

Historicamente a região, polígono marcado em marrom no mapa 13 e detalhe do curso aproximado do rio Saracura (linha em destaque sobre a Avenida Nove de Julho), possui concentração predominante de negros, o que não descartou a ocupação conjunta com os imigrantes italianos na primeira metade do século XX.

> A forte presença dos negros no Bexiga e também em outros bairros próximos da área central é justificada pela própria historiografia da vivência dos negros nos arredores da cidade de São Paulo. Em especial, a partir da segunda metade do século XIX, quando o contingente negro - forros e cativos - era, por assim dizer, multiplicado pelas condições de vida e de trabalho oferecidas na cidade, apesar de numericamente a população negra não expressar muito no conjunto da população paulistana, locais como o Bexiga eram constituídos por chácaras. [...] A fixação de negros escravos e libertos nos bairros localizados ao redor da cidade era de interesse da classe dominante, que pretendia afastar a população negra e livre e também escrava do âmbito citadino como forma de higienizar a cidade (BORGES, 2013, p. 113-114).

Manifestação cultural de grande visibilidade, o ensaio da Escola de Samba Vai-Vai agrega a comunidade, atrai muitos visitantes ao bairro - ocorrem ao longo de quatro meses, iniciam-se em novembro, aos domingos e, no início do ano com a aproximação do carnaval, ocorre também às terças e quintas, totalizando três vezes por semana - e também fama, já que a agremiação acumula quinze vitórias no carnaval paulistano e desde seu surgimento permanece com seus ensaios na rua, no mesmo local apresentado na figura 18.

Figura 18: Comemoração do título de campeã do Carnaval paulistano de 2015, ruas Cardeal Leme e Dr. Luis Granato

Fonte: o autor (2015)

Lucena (2013, p. 154-155) resume o surgimento da agremiação do time de futebol Cai-Cai – localizado à rua Marques Leão "local de festa, de orquestra, de jazz, de futebol, de torcida e também, de rivalidades futebolísticas, com desavenças pessoais" – até a origem da agremiação Vai-Vai:

> No espaço do Saracura, o batuque dá origem ao cordão Vai-Vai, desdobrado do time de futebol Cai-Cai após alguns impasses entre participantes e penetras. O grupo, impedido de participar dos bailes do Cai-Cai, resolveu dar um basta e a expressão "Vai-Vai" (no sentido de ir embora), foi usada pelos organizadores do baile. A partir daí o novo grupo formou o cordão carnavalesco

> com o nome de Vai-Vai, saindo pela primeira vez no Bixiga em 1930, trajando fantasias livres, compostas pelas cores preto e branco, sendo o tema do desfile: São Paulo. O primeiro desfile saiu da casa de Sardinha (Rua Rocha, 547) [...] (LUCENA, 2013, p. 155).

A origem dessas manifestações é identificada por Lucena (2013, p. 153) como tentativas de revalorização, visibilidade e aceitação da etnia "diante da sociedade branca durante o carnaval":

> O surgimento do cordão carnavalesco na Saracura é resultado do espírito organizador dos negros, que já viviam no território do bairro. Para fugir da condição de marginalização que lhe foi imposta após 13 de maio, o negro procura se integrar em organizações, muitas das quais se desarticulam, mas as tentativas são constantes: quilombos, confrarias religiosas, irmandades, candomblé, Xangô e cordões carnavalescos.

Quanto ao surgimento e permanência Paoli e Duarte (2004, p. 60-61) destacam: "Dos grupos de operários e trabalhadores braçais surgiram as associações de carnaval e os clubes de futebol. O grupo carnavalesco Barra Funda, fundado em 1914, o Campos Elíseos, fundado em 1917 e o Vai-vai, na década de 1920" e mesmo que as manifestações públicas fossem para a competição de bateria e dança durante o Carnaval e no festival de Bom Jesus de Pirapora, no mês de agosto, se mantinham ativos ao longo do ano, promovendo bailes, viagens e encontros.

Azevedo (2006) em sua pesquisa sobre o cantor e compositor Geraldo Filme, utilizou o termo "micro-áfricas" para caracterizar determinados espaços sociais onde grupos afros tiveram que se reagrupar e redefinir práticas culturais herdadas dos descendentes de africanos diante o processo de urbanização: "As micro-áfricas, pensadas no plural e na cidade de São Paulo, foram novas formas de sociabilidade e sensibilidade que expressaram a cultura dos afro-paulistas de modo difuso, numa conjuntura histórica específica" (AZEVEDO, 2006, p. 24).

> Com essas micro-áfricas imprimiram suas marcas específicas nesse processo de urbanização e industrialização, porém mais como uma prática de resistência social negra do que como projeto hegemônico de cidade e memória, já que encontro indícios nos documentos que revelam uma luta para preservar e ressignificar suas expressões culturais. Desse modo, essas micro-áfricas podem ser compreendidas como vivências dissonantes que desobedeceram certos limites estabelecidos do que deveria ser a cidade, para construir e operar outras cidades e outras memórias (AZEVEDO, 2006, p. 34-35).

Festas como o carnaval no Brasil possuem em sua história a evolução de brincadeiras de rua herdada de seus colonizadores europeus. Dessas brincadeiras ficaram muitas características da matriz europeia que incluía consumo exagerado de comidas e bebidas, danças, zombarias públicas do divertimento popular. Mas, atualmente, antes do carnaval oficial a população começa a participar dos chamados "ensaios técnicos". Nessas ocasiões o canto, o ritmo atrai a população da cidade, dos arredores e os turistas – uma verdadeira festa popular com participação de diversos grupos sociais (BUENO, 2012, p. 3).

> Os cordões populares só iriam surgir a partir de 1914. Olga Simson, que pesquisou durante 12 anos sobre a relação dos brancos e pretos no carnaval de São Paulo traçou uma trajetória da formação do carnaval paulistano. Ela acha importante apontar os dois tipos de carnaval de São Paulo – o branco e o negro. O grupo negro estava concentrado na Barra Funda, Bexiga e Baixada do Glicério onde a tradição negra já era reafirmada (BUENO, 2012, p. 4).

A região alagadiça do rio Saracura (que até hoje permanece, vide figura 19) e outras várzeas da região compreendida como Bixiga foram ocupadas pelos negros – antes mesmo do loteamento que urbanizou a área, conforme apontam as referências de autores como Lucena (1984), Castro (2008) e Borges (2013).

Figura 19: Região alagadiça do Saracura, na rua Manuel Dutra próximo à Praça 14 Bis

Fonte: o autor (2016)

Um dos entrevistados dessa pesquisa, nascido e criado no Bixiga, registrou a presença, condição e permanência dos negros no bairro, mais precisamente nos baixios da várzea do Saracura (atual avenida Nove de Julho) onde está localizada a sede e onde acontecem os ensaios da Escola de Samba Vai-Vai.

> *Agora e o Bixiga? Qual é a nossa relação com o Bixiga? Todo mundo vem falar da relação do italiano com o negro no Bixiga. E sempre falam no italiano primeiro. Quando eles chegaram, os negros já estavam aqui há mais de 200 anos. [...] A gente estava aqui há muito tempo. Eles chegaram aqui a partir de 1850, por aí, começaram a vir para cá, e nós já estávamos aqui. Mas como para nós tudo é mais difícil [...]* (Entrevistado 7, 2016).

Percebe-se que o entrevistado "descontrói" o discurso comum de que os italianos estavam à frente na presença e ocupação do bairro, culminando na inversão do status anfitrião e hóspede. Nessa direção, Binet-Montandon (2011, p. 1171) sugere que

> A noção de acolhida é atravessada por uma tensão contraditória que ora a torna um momento inaugural, um princípio organizador de toda a problemática da hospitalidade ao consolidar o acontecimento em conformidade com o status do anfitrião e do hóspede, e ora a contamina a ponto de dissolver e anular o ritual de hospitalidade por rituais de passagem numa lógica da interação que transforma o hóspede num membro integral da comunidade hospedeira (BINET-MONTANDON, 2011, p. 1171).

Existe um questionável acolhimento, haja vista que ambos eram forasteiros, os italianos talvez até mais que os negros ao considerar que os negros já estavam na região antes da sua chegada, porém mesmo livres perante a lei eram considerados inferiores e atravessaram um longo histórico de tráfico e escravidão. Percebe-se uma distinção entre o conceito de hospitalidade e a prática do acolhimento, considerando esse contexto Scarlato (1988) identificou essa relação como "senhor e servo" ao descrever a situação histórica de moradia vivida no Bixiga:

> Os italianos pobres, somente em caso de necessidade aceitavam morar nos cortiços junto aos negros. Apesar de manterem relações amistosas, italianos e negros muito raramente definiram relações de casamentos. As relações eram muito mais de 'senhor e servo', permeada pelo paternalismo mais do que verdadeiramente pela integração étnica e social (SCARLATO, 1988, p. 65).

A passagem da exterioridade para a interioridade supõe uma autorização ou um convite controlado por um rito, o da hospitalidade. A hospitalidade é um rito que autoriza a transgressão do limite sem recorrer à violência. Ela é um "mecanismo" característico dos limites, de todos os limites, sejam materiais ou não, desses limites que traduzem a contraposição da violência e da convivialidade, da paz e da guerra, da vida e da morte (RAFFESTIN, 1997, p. 166 – tradução livre).

Raffestin (1997, p. 168-169 – tradução livre) também aborda limites imateriais ou abstratos que remetem a valores e códigos agregados àqueles que estão dentro em detrimento daqueles que estão no exterior do limite da "casa". Chamou de semiosferas, esses estão ligados diretamente com o acolhimento (ou ausência dele): as semiosferas podem ser divididas em círculos, onde no primeiro (de dentro para fora) encontra-se os anfitriões e nos demais círculos externos encontram-se camadas de estrangeiros; o que passa é que à medida que esses anéis se distanciam, seus integrantes são considerados mais hostis. Essa questão tratada por Raffestin se compara com a ocupação das zonas periféricas do Bixiga pelos negros, pois conforme a apropriação pelos imigrantes foi ocorrendo, o contingente negro foi paulatinamente sendo empurrado para as regiões menos valorizadas, de várzea. Mas simultaneamente, ao visualizar o Bixiga como o primeiro círculo, os negros estão inseridos juntamente com o outro núcleo imigratório (dos italianos), esse segundo olhar permite a afirmação de que participaram do processo hospitaleiro do acolhimento, de um lado ou de outro, comprovando em partes essa permanência.

O entrevistado 7, ao relatar a mistura, descreve a interação:

> *Então você vai vendo que as coisas foram se encaixando, não é? Juntou. Agora, uma coisa que nos uniu mais ainda é que as duas culturas são matriarcais. O italiano tem a (mama), e nós temos as pretas velhas. E aqui no Bixiga, no Vai-Vai, é comum você ter na festa da Achiropita, ter as nossas baianas lá na cozinha travestidas de italianas, fazendo fogazza, fricassê, macarronada. E quando começa o ensaio do Vai-Vai, você tem as italianas de baianas aqui, vendendo cuscuz. Esse é nosso Bixiga, nosso Bela Vista. Aqui não tem preconceito. Tanto, que a nossa escola é preta e branca. Não tem preconceito. O bixiguento, italiano e africano, vive assim... irmão... morava tudo em um cortiço só, imagina aqui o furdunço que era. Mas era muito gostoso* (Entrevistado 7, 2016).

Outro depoente, identificado como entrevistado 5, sublinhou a variedade de culturas, manifestações e etnias:

> *E tudo no Bixiga era muito interessante, porque era uma mistura geral de negro com escola de samba, italiano, teatros, a (Vila Cultural), as cantinas, restaurantes, tudo isso teava um ambiente extremamente fascinante, tanto que logo de cara eu falei: "Eu sou bixigueiro".*

Binet-Montandon (2011) expõe que a acolhida está condicionada às regras de instituições sociais e às tradições e ritos da hospitalidade peculiares a cada território. Essas regras determinam a duração da acolhida e o formato da hospitalidade, são duas:

> Na visita, a intenção é de vir conhecer, receber, dar e dividir. [...] É como pessoa privada que o indivíduo se obriga a respeitar a moral que rege as relações de honra entre o convidado e seu hospedeiro; trata-se de uma ligação personalizada, entre um indivíduo exterior à morada, não um estrangeiro em geral, mas um convidado concreto, previsível e seu anfitrião.
>
> Na residência ou na estadia, trata-se de incluir a sua presença na permanência, de se estabelecer definitivamente, de residir, de adquirir hábitos [...]. Esses trâmites são públicos e dizem respeito ao status do indivíduo na cidade (BINET-MONTANDON, 2011, p. 1174-1175).

Frente à resistência e permanência física dos negros no Bixiga, a construção dessa tradição festiva assumiu a forma atual de escola de samba, viva desde seu surgimento como time de futebol (de várzea) e ramificado como cordão de carnaval, ambos denominados Cai-Cai, natural e posteriormente, em 1930, migraram para a agremiação que hoje é tradição do carnaval paulistano, seja pelos seus ensaios na rua, permanência (e resistência) na mesma área de surgimento, ou por sair de seus desfiles inúmeras vezes vitoriosa.[3]

3 A Escola de Samba Vai-Vai acumula 15 prêmios no canaval de São Paulo, seguem anos e sambas-enredo: 2015 – Simplesmente Elis, A fábula de uma voz na Transversal do Tempo; 2011 – A Música Venceu; 2008 – Acorda Brasil, a saída e ter esperança; 2001 – O Caminho da Luz, a Paz Universal; 2000 – Vai-Vai Brasil; 1999 – Nostradamus; 1998 – Banzai! Vai-Vai; 1996 – A Rainha, a Noite tudo transforma; 1993 – Nem tudo que reluz é Ouro; 1988 – Amado Jorge, a História de uma Raça Brasileira; 1987 – A Volta ao Mundo em 80 Minutos; 1986 – Do jeito que a gente gosta; 1982 – Orun Aiyê – O Eterno Amanhecer; 1981 – Acredite se quiser; 1978 – Na Arca de Noel quem entrou não saiu mais. Fonte: http://www.vaivai.com.br. Acesso realizado em 20/01/2017.

CONSIDERAÇÕES FINAIS

Ocupado inicialmente por negros fugidos (a partir do século XVIII) quando seu território era ainda constituído por chácaras e rios, o bairro do Bixiga passou a receber (sobretudo a partir do século XIX) grande contingente de imigrantes europeus, de maioria italianos, culminando no loteamento e ocupação de seu território. Localizado na região central da cidade, sofreu alterações em decorrência do processo de urbanização e permanece ainda hoje entre regiões de grande valor imobiliário na metrópole de São Paulo, agregando também, a partir de meados do século XX, os migrantes internos oriundos das regiões norte e nordeste.

Percebe-se que a interação dos grupos étnicos (e sociais) que construíram, coexistiram e permaneceram no bairro do Bixiga favoreceram a formação de uma cultura peculiar e diversificada, seja na formação festiva, no uso ou interação de seus moradores com o espaço público.

A delimitação do território entendido como Bixiga foi por outros pesquisadores levantada e comumente é pauta de discussões entre os moradores e/ou sujeitos interessados no assunto. Fato levantado nesta pesquisa é que dentro do limite oficial denominado Bela Vista –apenas com uma exceção – o Bixiga do senso comum, abarca todas as manifestações culturais levantadas nesse estudo, contribuindo para vincular a tradição festiva ao seu território.

Considera-se que para haver o encontro e a consequente proximidade, há necessidade do espaço físico, nesse contexto o bairro do Bixiga foi tratado como lugar de hospitalidade. Dentre os espaços doméstico, comercial, público ou social da hospitalidade (LASHLEY, 2004; CAMARGO, 2004), o último permaneceu como cenário desta pesquisa, reforçado por Grinover (2013) ao afirmar a importância do espaço público como *lócus* de uma cultura compartilhada e de valores coletivos, que supera as diferenças apontando para uma cultura de hospitalidade urbana, que envolve desde o acolhimento inicial de diferentes grupos até diferentes culturas e costumes trazidos por eles.

Amaral (1998), de maneira geral, entende que as festas são ocasiões para as pessoas se reunirem e delas saírem fortalecidas no âmbito social, reforçando seu caráter de apoio aos sujeitos. Permite então entender as manifestações culturais no espaço público do bairro como uma necessidade de sociabilidade e/ou fruto do acolhimento entre seus sujeitos, logo à essa pesquisa interessou a pertinência em analisar as três manifestações elencadas e observadas no Bixiga, tratadas em profundidade com as dimensões da hospitalidade de acolhimento, comensalidade e sociabilidade.

A Festa da Nossa Senhora Achiropita apresentou uma série de avanços, principalmente entre os anos de 1980 e 2015, destacando-se: o aumento na duração da festa, que passou de três dias para quatro finais de semana (oito dias no total); a organização do voluntariado por setores; a variedade e a qualidade dos alimentos; os produtos oferecidos e os atrativos artísticos durante o evento. Dentre os valores subjetivos, alcançados através das dimensões da hospitalidade, na análise específica da comensalidade, percebeu-se que o ato de comer em conjunto representado no espaço público do bairro durante a festa, oferece aos moradores a participação no ritual e na cena hospitaleira como anfitriões, principalmente no ato de produzir e partilhar o alimento mediante o ato de alimentá-los citado por Camargo (2004) nos tempos da hospitalidade, como marco significativo de aceitação pelos demais (SELWYN, 2004), preservando a cultura alimentar dos sujeitos preponderantes, os imigrantes italianos.

Na segunda manifestação cultural analisada, pontua-se que a primeira edição da festa em comemoração ao aniversário da cidade de São Paulo surgiu na década de 1980 como uma manifestação espontânea (sem apoio ou patrocínio de instituições públicas ou privadas), com a doação de bolos pelos moradores do bairro ou participantes voluntários, constituindo um grande bolo formado de pequenos pedaços doados e compartilhados ao final. Poucos anos depois o tamanho do bolo chegou a 1.500 metros com a ajuda de patrocinadores, mas nunca deixou de ser distribuído gratuitamente.

O formato participativo da primeira edição contribuiu para fortalecer e nutrir a rede de relações sociais, reforçando a convivialidade (BUENO, 2008). Ao longo da história da manifestação, o formato que perdurou foi a de um grande bolo com distribuição gratuita e, ao participarem, os sujeitos estabeleceram-se no mesmo papel, com as diferenças sociais e econômicas colocadas de lado, comportamento sugere ao que Simmel (1983) chama de "neutralização", pois mesmo que momentânea e gratuita (ou seja, sem interesses) assumem a forma prática da sociabilidade.

A última manifestação pesquisada, o ensaio da Escola de Samba Vai-Vai teve o olhar principalmente direcionado a região do Saracura (área de várzea ocupada inicialmente por negros), tamanha a significação de pertencimento ao espaço geográfico em que está inserida. Território onde houve permanência dos negros, tem a cultura do samba enraizada principalmente pelo sucesso da agremiação. Manifestação cultural de grande visibilidade, o ensaio da Escola de Samba Vai-Vai agrega a comunidade, atrai visitantes ao bairro e desde seu surgimento na década de 1910 (oficializada em 1930) permanece com seus ensaios no mesmo local, na rua, em frente à sua sede.

A dimensão do acolhimento foi tratada para análise dessa manifestação, Raffestin (1997) supõe que a passagem da exterioridade para a interioridade necessita de uma autorização ou um convite controlado por um rito, o da hospitalidade que autoriza transpassar limite sem recorrer à violência. Muito embora questionável, esse acolhimento somente existiu pela resistência e força de um grupo, que ainda escravos, ocupavam o território antes do interesse de outrem (como os imigrantes, por exemplo) e ao longo da história permaneceram construindo e praticando sua cultura.

Em resumo, as três manifestações culturais pesquisadas podem ser consideradas exemplos na promoção do acolhimento, da sociabilidade, conviviabilidade e no sentimento de pertencimento causado principalmente pelo uso do espaço público da cidade. Apoia-se então na ideia de Grinover (2016) de que as grandes cidades se reorganizam permanentemente, com o surgimento de novas centralidades, novos espaços públicos, novas formas de sociabilidade, cidadania e urbanidade, readaptando o tecido urbano às novas condicionantes socioeconômicas e às novas formas de hospitalidade (GRINOVER, 2016, p. 327-328).

Dificuldades com os limites da pesquisa foram minimizadas com a definição do recorte proposto para sua confecção, haja vista que o bairro Bixiga apresenta um campo mais abrangente e desdobrável para estudos futuros: aspectos como outros grupos sociais presentes, os nordestinos e refugiados recentes, suas características culturais, ocupação, moradia, gastronomia, lazer etc. tão evidentes na história recente do bairro.

Nota do autor: A PESQUISA ACADÊMICA COMO FONTE

O fato do conteúdo deste livro ser oriundo da pesquisa acadêmica realizada como exigência parcial para a conclusão do mestrado cursado entre 2015 e 2016, julguei importante apresentar o caminho (principalmente acerca das diretrizes metodológicas) percorrido para sua produção.

Vale ressaltar que a escolha pelo bairro do Bixiga e suas mutantes, diversificadas manifestações apoiadas no uso do espaço púbico, decorre do vínculo social, emocional e profissional do autor. Nesse sentido Marconi e Lakatos (2010, p. 17) sugerem que idealmente a escolha do tema embora possa ser sugerida por outrem, o mais frequente é a opção livre e "podem originar-se da experiência pessoal ou profissional, de estudo e leituras, da observação da descoberta de discrepâncias entre trabalhos ou da analogia com temas de estudo de outras disciplinas ou áreas científicas".

Neste então trabalho exploratório e na contínua observação, vivencial como "metodologia de vida", valorizou-se tanto os sujeitos pesquisado e pesquisador, quanto as relações que se desenvolveram nesse trajeto, enriquecendo a base de dados inicial necessária para a construção desta pesquisa e do conhecimento.

Elucidando a importância da observação, Dencker (2005) advoga em favor de que a interpretação de fatos e fenômenos deriva da observação, que processada por meio dos sentidos (audição, olfato, tato, visão e paladar) faz com que o pesquisador se envolva com a realidade do objeto, tornando todo esse conteúdo repertório interpretativo.

> A observação é um ato dotado de sentido que consiste em atribuir significado ao que é observado. Essa atribuição de significado tanto pode decorrer de uma construção teórica preexistente (integrante do repertório) quanto pode vir a ser uma nova construção (que será acrescentada ao repertório). Sempre que o fato observado não puder ser interpretado adequadamente dentro do repertório preexistente torna-se necessário que se faça uma revisão desse repertório, gerando novas formas interpretativas, que são a base das formulações teóricas sobre a realidade (DENCKER, 2005, p. 57).

Com essencial conhecimento acumulado através dessa observação *in loco*, vivência direta com o objeto de estudo, identifica-se com o que Popper (2007) considera a experiência como método, e traz, para ajudar na definição, o conceito de ciência empírica como aquela que pretende representar apenas um mundo: o "mundo real", ou o "mundo de nossa experiência". Popper (2007) sugere, que a fim de tornar essa ideia mais precisa, a identificação de três itens para atender o sistema teórico:

> Em primeiro lugar, ele deve ser *sintético*, de modo que possa representar um mundo não contraditório, isto é, um mundo possível. Em segundo lugar deve satisfazer o critério de demarcação, ou seja, deve ser não metafísico, isto é, deve representar um mundo de experiência *possível*. Em terceiro lugar, deve ser diferente, de

> alguma forma, de outros sistemas semelhantes como o único representativo de nosso mundo de *experiência* (POPPER, 2007, p. 40).

Em suma, a teoria do conhecimento formada através da experiência busca atender a necessidade da pesquisa empírica, que possibilita a descrição inicial do objeto e do alcance dos objetivos de pesquisa. Utilizando as palavras de Alves (1992, p. 54) "[...] a produção do conhecimento não é um empreendimento isolado. É uma construção coletiva da comunidade científica, um processo continuado de busca, no qual cada nova investigação se insere, completando ou contestando contribuições anteriormente dadas ao estudo do tema", exigindo assim o levantamento teórico como a próxima e paralela etapa da pesquisa, que perdura ao longo do processo científico. Foram então consultadas bases de dados (acadêmico-científicas) considerando a relação com os temas da hospitalidade, espaço público e história oral, além de termos relacionados diretamente com o objeto da pesquisa. Utilizou-se das seguintes palavras chaves identificadas no esquema apresentado no esquema da figura 20 para o levantamento da produção científica já existente.

Figura 20: Esquema da pesquisa inicial sobre a produção científica existente

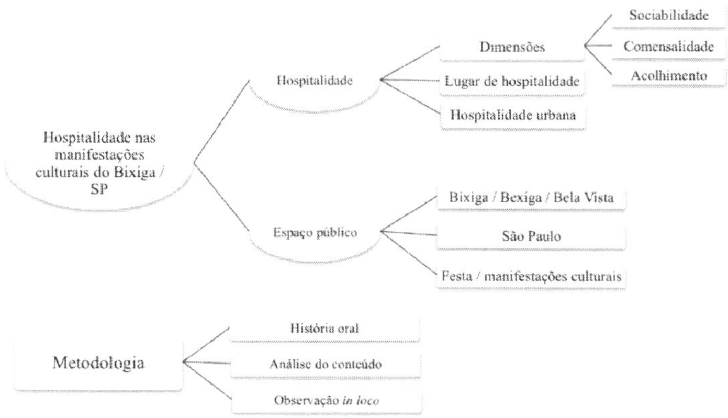

Fonte: o autor (2016)

A importância dessa fase, o levantamento bibliográfico, é destacada por Santos (2002) e Marconi e Lakatos (2010) por estar primeiramente presente em qualquer processo de pesquisa científica.

Os resultados da pesquisa foram sistematizados e apresentados individualmente por área, temática e objetivo de pesquisa. Sobre o Bixiga / Bexiga / Bela Vista destaca-se as dissertações/teses na área de Semiótica e Linguística, que analisa a história e desenvolvimento das áreas alagadiças, chácaras e sítios que se tornaram o bairro do Bixiga a partir dos nomes das ruas (CIRRINCIONE, 2010); na Ciências da Comunicação com objetivo de identificar a influência da imigração italiana como marca na identidade da cidade de São Paulo (BECHELLONI, 2010); em Arquitetura e Urbanismo relata a história do bairro, urbanização e formato de moradia (SCHNECK, 2010); na área da Geografia realiza o mapeamento dos empreendimentos gastronômicos étnicos, principalmente italianos (SANTOS, 2010); e, na Ciências Sociais foram tratadas as festas italianas que se desenvolveram a partir da imigração sob a ótica da cidadania, identidade e diversidade (FERREIRA JUNIOR, 2009).

Ao que se refere à Antropologia, destaca-se a pesquisa que analisa alguns festejos – entre eles a Festa da Nossa Senhora Achiropita – como forma de identidade brasileira, disponibilizando vasto conteúdo sobre festas em várias perspectivas (AMARAL, 1998), outrossim sobre a identidade negra no bairro por intermédio das manifestações do candomblé na Pastoral Afro da Paróquia Nossa Senhora Achiropita (OLIVEIRA, 2011). Na Saúde Pública a Festa da Nossa Senhora Achiropita foi inventariada e analisada mediante associação ao conceito de lazer (CARVALHO, 1999).

Na área da Hospitalidade, foram selecionadas quatro dissertações (de um conjunto maior) dada a sua aproximação com o tema: Frenda (2015) entrevistou três gerações de imigrantes italianos oriundos de regiões do sul da Itália – principais grupos que ocuparam o Bixiga – utilizando-se da técnica de *focus group* para analisar a comensalidade e a preservação da identidade cultural italiana desses imigrantes e, utilizando a comensalidade e a sociabilidade, De Boer (2015) dissertou sobre um restaurante de propriedade de imigrantes italianos na cidade de Curitiba; tendo como foco o espaço urbano, Gonzales (2014) e Calabrez (2015) pesquisaram a história e as mudanças, respectivamente dos bairros Vila Olímpia e Tatuapé.

Destaca-se também a tese de doutorado realizada no âmbito da hospitalidade urbana, na área de Arquitetura e Urbanismo, com a investigação das qualidades urbanísticas do espaço público tais como diversidade, permeabilidade, legibilidade, conforto e como são entendidos seus atributos espaciais de hospitalidade (FERRAZ, 2013).

Ademais, a pesquisa bibliográfica incorporou à discussão livros, artigos e publicações em revistas científicas relacionados às temáticas apresentadas. Os principais autores encontram-se sistematizados no quadro 11, associados aos assuntos e ano da publicação:

Quadro 11: Referencial teórico

QUANTO AO OBJETO		
Grupos formadores	**Bixiga / Bexiga / Bela Vista / São Paulo**	**Manifestações culturais**
Bastos (2003); Fernandes (2008); Lanna (2011); Trento (1989); Truzzi (2016)	Castro (2008); Cirrincione (2010); Grünspun (1979); Lanna (2011); Lucena (1983, 1984, 2013); Marzola (1985); Moreno (1996); Reis (2004); Scarlato (2011)	Amaral (1998); Bastos (2004); Bueno (2012)
QUANTO À METODOLOGIA		
Pesquisa qualitativa	**Análise de conteúdo**	**História oral**
Alves-Mazzotti (1998); Bauer e Gaskell (2010); Cardoso (1986); Lakatos e Marconi (2010); Popper (2007)	Bardin (1995); Mauad (1996); Rocha e Deusdará (2006)	Alberti (1996, 2005); Thompson (1992, 2002); Portelli (1997, 2001)
QUANTO À HOSPITALIDADE, SOCIABILIDADE, ACOLHIMENTO E COMENSALIDADE		
Baptista (2005, 2008); Binet-Montandon (2011); Boutaud (2011); Camargo (2003, 2004, 2015); Frúgoli (1995, 2006) Grinover (2013, 2016); Innerarity (2008); Lashley (2004); Raffestin (1997); Simmel (1983); Selwyn (2014)		

Fonte: o autor (2016)

Como estratégia metodológica foi adotada a história oral (ALBERTI, 2013; PORTELLI, 1997; THOMPSON, 2002), utilizando como técnica de coleta entrevistas abertas não estruturadas ou semiestruturadas para o registro de narrativas orais da experiência do indivíduo (FREITAS, 2002); e, observação *in loco* mediante técnicas qualitativas de coleta, anotações no caderno de campo (DENCKER, 2005) e registros fotográficos (MAUAD, 1996).

História oral e análise de conteúdo

A história oral é uma metodologia de pesquisa que consiste em realizar entrevistas gravadas com pessoas que testemunharam acontecimentos, conjunturas, instituições, modos de vida ou outros aspectos da história contemporânea (vivenciada pelos sujeitos), "pode ser empregada em diversas disciplinas das ciências humanas e tem relação estreita com categorias como biografia, tradição oral, memória [...] pode ser definida como método de investigação científica, como fonte de pesquisa, ou ainda como técnica de produção e tratamento de depoimentos gravados (ALBERTI, 2013, p. 24-25)". Começou a ser utilizada nos anos 1950, com o advento do gravador, nos Estados Unidos, na Europa e no México, e desde então difundiu-se e ganhou adeptos, ampliando-se o intercâmbio entre os que a praticam: historiadores, antropólogos, cientistas políticos, sociólogos, pedagogos, teóricos da literatura, psicólogos e outros (ALBERTI, 2013).

No Brasil, a metodologia foi introduzida na década de 1970, quando foi criado o Programa de História Oral do Centro de Pesquisa e Documentação de História Contemporânea do Brasil, da Fundação Getúlio Vargas (CPDOC). A partir dos anos 1990, o movimento em torno da história oral cresceu e em 1994 e 1996, respectivamente, foram criadas a Associação Brasileira de História Oral (ABHO) e a Associação Internacional de História Oral (*International Oral History Association* - IOHA), que congregam pesquisadores e membros de muitas regiões do país e do mundo, com a promoção de encontros, congressos e revistas (ALBERTI, 2013, p. 28).

Thompson (1992, p. 25-26) identifica que o "mérito principal da história oral é que, em muito maior amplitude do que a maioria das fontes, permite que se recrie a multiplicidade original de pontos de vista" e evidencia o perfil democrático da aplicação, por meio das entrevistas com diferentes sujeitos:

> O processo de entrevista pode reunir pessoas de diferentes classes sociais e grupos de idade que, de outro modo, raramente se encontrariam, e muito menos se conheceriam intimamente [...]. O historiador vem para a entrevista para

> aprender: sentar-se ao pé de outros que, por provirem de uma classe social diferente, ou por serem menos instruídos, ou mais velhos, sabem mais a respeito de alguma coisa [...]. Por meio da história oral, a comunidade pode, e deve merecer confiança para escrever a própria história (THOMPSON, 1992, p. 32-38).

Método essencialmente interdisciplinar, a história oral favorece a interação humana e ultrapassa barreiras disciplinares. Referenciando essa abordagem multidisciplinar, Alberti (2013) assinala a versatilidade de seu uso como método de investigação, fonte de pesquisa ou técnica de produção:

> Não se pode dizer que ela [a história oral] pertença mais à história que à antropologia [...] nem tampouco que seja uma disciplina particular no conjunto das "ciências humanas", sua especificidade está no próprio fato de se prestar a diversas abordagens, de se mover num terreno multidisciplinar (ALBERTI, 2013, p. 24).

Contudo, Alberti (2013, p. 24) a define como método de pesquisa, seja histórica, antropológica ou sociológica, que "privilegia a realização de entrevistas com pessoas que participaram de, ou testemunharam, acontecimentos conjunturas, visões de mundo, como forma de se aproximar do objeto de estudo".

A história oral utiliza-se de conversas com pessoas no que diz respeito aos padrões culturais, sociais e históricos, visando exteriorizar essas memórias individuais, considerando a importância que essas memórias tiveram em suas vidas. Sem a saída do pesquisador ao trabalho de campo (contato direto com o objeto e/ou sujeitos da pesquisa), o uso da história oral é impossível (PORTELLI, 1997a, p. 15).

Sua dimensão ética é ressaltada por Portelli (1997). Defende que o pesquisador que se utiliza dessa metodologia tem a responsabilidade de obedecer e respeitar as normas quanto às interpretações e conclusões, positivas ou não às suas expectativas, possivelmente afastando-se da subjetividade. Defende que no papel de "agentes ativos da história e participantes do processo de fazê-la, cabe-nos, por outro lado, situar a ética profissional e técnica no contexto de responsabilidades mais amplas, tanto individuais e civis como políticas (PORTELLI, 1997, p. 72)". Então, é nesse sentido que as diretrizes éticas favorecem tanto o entrevistador, ao impossibilitar qualquer reivindicação ou alteração do conteúdo pós entrevista por parte do entrevistado, quanto com o intuito de proteger o entrevistado contra a manipulação do entrevistador (PORTELLI, 1997, p. 72).

Considerando que os sujeitos entrevistados efetuam interpretações subjetivas atribuindo significados às suas experiências e também por vezes oferecendo apenas uma visão parcial sobre o passado, Alberti (1996, p. 910-911) advoga que a "experiência – que foi vivida – é transmitida através da linguagem" e ela faz uma ponte esclarecendo que "[...] entre a experiência em si e sua transmissão, a linguagem realiza o trabalho de cristalizar as imagens que se referem e significam a experiência". Portanto, o uso da linguagem, da palavra, como objeto transportador da ideia, expressa o conteúdo elaborado e interpretado pelo sujeito a respeito do que se passou.

Ao questionar as potencialidades do trabalho de pesquisa com a história oral, Thompson (2002) apresenta quatro temas como resposta: (i) vozes ocultas – a partir de que todo ser humano tem em sua história de vida um interesse histórico e social, seus sujeitos mais prováveis são aqueles marginalizados, principalmente as mulheres (no Brasil inclui-se os povos indígenas, ex-escravos que viviam nos quilombos e famílias das favelas das metrópoles); (ii) esferas ocultas – "os aspectos da vida da maioria das pessoas que raramente são bem representados nos arquivos históricos" (THOMPSON, 2002, p. 17), como exemplo cita as relações familiares, as experiências com o envelhecimento, a esfera oculta do crime, da violência ou da cultura informal de trabalho; (iii) mitos e tradições orais – apresenta diversas óticas da constituição social da memória, como o folclore, a deformação da verdade histórica, as invenções da tradição etc., "mitos e tradições podem ser cruciais também para a identidade e luta cotidiana em muitas esferas" (THOMPSON, 2002, p. 17) entre os protestantes e católicos na Irlanda no século XVII, entre homens e mulheres no trabalho e entre gerações de famílias; (iv) por fim, conexões através das vidas tem seu potencial máximo nas entrevistas de história de vida. Em termos de migração por exemplo, documentações estão separadas em diferentes categorias, dificultando a conexão na narrativa. Nesse último exemplo, o uso da história oral possibilita concatenar os documentos com a coleta das demais informações intrínsecas ao sujeito.

Sobre o par oral-escrito, fundamental para a história, Le Goff (1990, p. 43) faz duas observações:

> É claro que a passagem do oral ao escrito é muito importante, quer para a memória, quer para a história. Mas não devemos esquecer que: 1) oralidade e escrita coexistem em geral nas sociedades e esta coexistência é muito importante para a história; 2) a história, se tem como etapa decisiva a escrita, não é anulada por ela, pois não há sociedades sem história.

Se por um lado a história oral como metodologia promove a produção de material qualitativo para a pesquisa, – nesse caso não se discute a quantidade e tampouco o grau de utilização desses materiais na composição da pesquisa – a análise do conteúdo tratada por Bauer e Gaskell (2010, p. 190) como "apenas um método de análise de texto desenvolvido dentro das ciências sociais empíricas" resulta em um conjunto de análises que servem justamente para compor e enriquecer o texto, através de métodos que favoreçam o esclarecimento e a significação desde apenas um documento até uma grande quantidade de material, como os depoimentos que são utilizados nessa pesquisa.

A análise de conteúdo é vista por Bardin (1995) como um conjunto de técnicas de análise de determinada comunicação, que tratada como um conjunto de instrumentos que se transformará em apenas um, – marcado por uma grande diversidade de formas – e volta a ser encaixado no campo vasto das comunicações.

> Significa que o ponto importante no que diz respeito à comunicação é [...] que algo nas palavras da mensagem permite ter indicadores válidos sem que se considerem as circunstâncias, sendo a mensagem o que o analista observa. Grosso modo, instrumental significa que o fundamental não é aquilo que a mensagem diz à primeira vista, mas o que ela veicula, dados o seu contexto e as suas circunstâncias (BARDIN, 1995, p. 20-21).

Um ponto importante é que a conexão e análise dos materiais permitem ao pesquisador fazer proposições acerca de fontes incertas e/ou de reinvindicação de autoria, seja pela inacessibilidade da informação ou por sua inexistência. Nesse aspecto, Thompson (2002, p. 22) aponta um problema: a questão da "verdade" que se atinge com a natureza da memória, e questiona "pode-se acreditar nela?", pois os depoimentos apresentam dois tipos de conteúdo:

> De um lado, eles podem fornecer uma grande quantidade de informações factuais válidas [...] informações que de vários modos pode-se provar como sendo amplamente confiáveis; mas ao lado disso, eles também sustentam a igualmente reveladora marca da moduladora força da memória e também da consciência coletiva e individual (THOMPSON, 2002, p. 22).

Uma armadilha da memória seria transformar o passado, a vivência real para dar sentido ao que se acredita, a fim de "reeditá-la" (mesmo não sendo a melhor definição da verdade). Pode-se afirmar que, de fato, as questões ligadas à memória são fundamentais para os historiadores orais e Thompson (2002) defende que a memória deve ser considerada positivamente, tanto no seu aspecto objetivo quanto subjetivo.

Ao defender que os lugares de memória são fragmentos e "a forma extrema onde subsiste uma consciência comemorativa", Nora (1993, p. 12-13) também discursa que a coletividade está fundamentalmente envolvida na transformação e renovação de rituais, sacralizações, fidelidades, reconhecimentos e pertencimentos que uma sociedade não tem. É afirmar uma negação latente, como forma de permanência.

> Os lugares de memória nascem e vivem do sentimento que não há memória espontânea, que é preciso criar arquivos, que é preciso manter aniversários, organizar celebrações, pronunciar

> elogios fúnebres, notariar atas, porque essas operações não são naturais. É por isso a defesa, pelas minorias, de uma memória refugiada sobre focos privilegiados e enciumadamente guardados nada mais faz do que levar à incandescência a verdade de todos os lugares de memória. Sem vigilância comemorativa, a história depressa os varreria (NORA, 1993, p. 13).

Portelli (1997a, p. 15-16) ressalta o vínculo da história oral com a memória e revela a insubstituível relação (ética) entres os indivíduos no processo da oralidade:

> [...] apesar de o trabalho de campo ser importante para todas as ciências sociais, a História Oral é, por definição impossível sem ele. O significado e a ética dos contatos humanos diretos, na experiência do trabalho de campo, são imprescindíveis ao significado e à ética no exercício de nossa profissão.
>
> A essencialidade do indivíduo é salientada pelo fato de a História Oral dizer respeito a versões do passado, ou seja, à memória. Ainda que esta seja sempre moldada de diversas formas pelo meio social, em última análise, o ato e a arte de lembrar jamais deixam de ser profundamente pessoais.

Ao contribuir com questões relacionadas à memória das pessoas no meio social, Portelli (1997a, p. 16) caracteriza-a como um processo individual que se vale de "instrumentos socialmente criados e compartilhados" promovendo recordações que podem ser semelhantes, contraditórias ou sobrepostas (nunca exatamente iguais) e é nesse contexto que o autor prefere evitar o termo "memória coletiva".

Para os estudos da memória, Le Goff (1990) traz contribuições de questões sobre história, tempo natural e tempo vivido:

> Por um lado, para domesticar o tempo natural, as diversas sociedades e culturas inventaram um instrumento fundamental, que é também um dado essencial da história: o calendário; por outro, hoje os historiadores se interessam cada vez mais pelas relações entre história e memória [...].
>
> O mesmo acontece com a memória. Tal como o passado não é a história, mas o seu objeto, também a memória não é a história, mas um dos seus objetos e simultaneamente um nível elementar de elaboração histórica.
>
> Isso não se faz sem dificuldades, pois em cada acontecimento, os testemunhos divergem segundo as simpatias e a memória de cada um (LE GOFF, 1990, p. 49-53).

Le Goff (1990, p. 9-10) traz à tona que durante o século XX a crítica ao fazer histórico intensificava-se diretamente à construção do historiador, e que hoje a crítica se volta ao documento criado não como um "material bruto, objetivo e inocente" pois "exprime o poder da sociedade do passado sobre a memória e o futuro", assim referencia-se em parte à história oral quando afirma que:

> Hoje os documentos chegam a abranger a palavra, o gesto. Constituem-se arquivos orais; são coletados etnotextos. Enfim, o próprio processo de arquivar os documentos foi revolucionado

> pelo computador. A história quantitativa, da demografia à economia até o cultural, está ligada aos progressos dos métodos estatísticos e da informática aplicada às ciências sociais (LE GOFF, 1990, p. 9-10).

Além da oralidade, os registros fotográficos durante os trabalhos de campo foram analisados com o olhar atento ao conteúdo e pertinência, imagens convertidas em documentos históricos. Logo, de acordo com Nora (1993, p. 14) tudo que hoje é chamado de memória já é história e que a necessidade da memória como fator social é uma necessidade da história, apoiada em registros e arquivos "mais material no vestígio, mais concreto no registro, mais visível na imagem" e que quanto menos a memória é vivida empiricamente mais há necessidade de suportes exteriores para a formação do sentido.

A tradição oral, os diários íntimos, a iconografia e a literatura apresentaram-se como fontes históricas de mesma excelência das fontes utilizadas antes da sua descoberta, mas que demandavam do historiador uma habilidade de interpretação com a qual não estava aparelhado (MAUAD, 1996, p. 79).

O uso das imagens fotográficas como suporte para a história é defendido por Mauad (1996) ao integrar a metodologia, "na composição do conhecimento teórico" e sua relação com a experiência vivida e com o conhecimento constituído pelas diferentes áreas das ciências humanas. Acentua a trajetória de importância da fotografia na sociedade e como documento:

> No plano do controle social a imagem fotográfica foi associada à identificação, passando a figurar, desde o início do século XX, em identidades, passaportes e os mais diferentes tipos de cartei-

> ras de reconhecimento social. No âmbito privado, através do retrato de família, a fotografia também serviu de prova. O atestado de um certo modo de vida e de uma riqueza perfeitamente representada através de objetos, poses e olhares (MAUAD, 1996, p. 73-76).

A análise e interpretação do conteúdo de uma imagem, quer explícito ou semiótico, requer apreciação pois "entre o sujeito que olha e a imagem que elabora há muito mais que os olhos podem ver", sugerindo assim uma elaboração do vivido, que oferece sentido através de "uma leitura do real realizada mediante o recurso a uma série de regras que envolvem, inclusive, o controle de um determinado saber de ordem técnica" (MAUAD, 1996, p. 75).

As imagens fotográficas apresentadas nessa pesquisa foram analisadas a partir da associação dos conteúdos levantados sobre o objeto da pesquisa apoiados nos conceitos e métodos de análise propostos por Mauad (1996) como, por exemplo, o espaço geográfico, o espaço dos objetos (interiores, exteriores e pessoais), o espaço da figuração e o espaço das vivências, comportamentos e representações sociais.

Pesquisa de campo e perfil dos entrevistados

Considerando que o convívio, o conhecimento e a relação com os futuros entrevistados já ocorriam mesmo antes da definição do calendário da pesquisa, fez com que na condição de pesquisador, apressasse as coletas para que oportunidades de contato pudessem ser aproveitadas. Para tanto, elaborou-se um roteiro de entrevista no formato semiestruturado com o objetivo de extrair e identificar qual o grau de importância que cada manifestação carregava, considerando em que momento os sujeitos entrevistados interagem nas manifestações realizadas no bairro, seja como idealizadores, organizadores e/ou participantes voluntários.

Ressalta-se que a imprevisibilidade ao aplicar as entrevistas fez com que fosse conduzida no tom de conversa com o objetivo de torná-la fluída e extrair o máximo de informação, deixando meu interlocutor livre para sair do roteiro pré-determinado, podendo algumas questões contidas no roteiro serem modificadas ou negligenciadas. Tal decisão foi baseada no que diz Portelli (1997, p. 35) "[...] entrevistas rigidamente estruturadas podem excluir elementos cuja existência ou relevância fossem desconhecidas previamente para o entrevistador e não contempladas nas questões inventariadas".

O conjunto de entrevistados foi composto por sete pessoas, elencadas dentre os moradores do bairro, participantes ou organizadores das manifestações que reconhecidamente ajudam a construir ou vivenciam a cultura festiva do bairro.

O primeiro entrevistado, filho de imigrantes italianos, nasceu e viveu no bairro durante a maior parte de sua trajetória, bem como sua filha e neta (ambas também entrevistadas). A família mantém negócios no bairro e são responsáveis pela criação e incentivo de alguns dos movimentos culturais que ali ocorrem.

Durante as edições 89ª e 90ª festa da Nossa Senhora Achiropita estabeleceu-se a proximidade com algumas pessoas envolvidas na organização da festa em agosto de 2015 e de 2016, favorecendo a coleta de dados dessa manifestação e registros fotográficos. A entrevistada, neta de quatro avós imigrantes italianos, era responsável pela área de Relações Públicas da festa.

O quinto entrevistado, ator e morador do bairro há aproximadamente quarenta anos foi contatado por meio do pesquisador e também morador do Bixiga. Logo, em junho de 2016, foi realizada visita à casa do entrevistado, localizada no Morro dos Ingleses, em sua fala espontânea foi possível identificar sua relação com as festas e memória do bairro.

Em julho de 2016, o Centro de Pesquisa e Formação do Serviço Social do Comércio de São Paulo (SESC) - instalado no bairro Bixiga - ofereceu um curso ministrado por Márcio Sampaio Castro, autor do livro "Bixiga: um bairro afro-italiano", cujos temas tratados foram desde a formação do bairro no contexto histórico da cidade de São Paulo até a manutenção de seu hibridismo étnico que influenciou a formação da tradição do bairro, com ênfase na presença dos negros. Durante os quatros dias de encontro, realizou-se duas visitas a campo onde houve a coleta de depoimentos de duas pessoas ligadas à diretoria da Escola de Samba Vai-Vai. Nesse momento, a conversa no formato de palestra (sem a utilização de roteiro prévio) foi gravada em áudio e transcrita, e seus dados utilizados na elaboração do conteúdo ligado à presença e permanência dos negros no bairro e na formação da Escola de Samba.

Após as entrevistas, os depoimentos foram transcritos e analisados para a definição das categorias *a posteriori*, visando o tratamento do material e a análise de conteúdo. No quadro 12 ocorre a sistematização das entrevistas a partir de quatro categorias:

(I) Identificação do sujeito;
(II) Relação com o bairro;
(III) Identificação da(s) manifestação(ões) culturais;
(IV) Relação do entrevistado com a(s) manifestação(ões).

Quadro 12: Entrevistados e identificação de sua relação com o bairro e com as manifestações culturais

Entrevistados (sujeitos da pesquisa)	Identificação do sujeito	Relação com o bairro	Idetificação da manifestação cultural			Relação com a manifestação
			Festa da Achiropita	Bolo de Aniversário	Ensaio Escola Vai-Vai	
Entrevistado 1	Filho de imigrante italiano	Comercial e cultural	SIM	SIM	SIM	Criador Bolo de aniversário
Entrevistada 2	Neta de imigrante italiano	Comercial e cultural	SIM	SIM		Incentivadora Bolo de aniversário
Entrevistada 3	Bisneta de imigrante italiano	Religiosa e cultural	SIM	SIM		Incentivadora Bolo de aniversário
Entrevistada 4	Filha de imigrante italiano	Religiosa e cultural	SIM			Voluntária Festa Achiropita
Entrevistado 5	Morador	Residencial e cultural	SIM	SIM		Participante
Entrevistado 6	Afrodescendente	Social e cultural	SIM		SIM	Organizador
Entrevistada 7	Afrodescendente	Social e cultural	SIM		SIM	Organizadora

Fonte: o autor (2016)

A associação dos entrevistados a mais de uma manifestação resulta da análise dos depoimentos, das ocorrências no discurso de diferentes abordagens como algumas questões relativas à memória, acolhimento, sociabilidade, espaço público, imigração italiana, comensalidade, solidariedade e convivialidade, transformando-as também em categorias de análise.

Integrando a metodologia buscou-se a elaboração do perímetro do Bixiga por parte de cada entrevistado com o objetivo de produzir fontes visuais para a definição e delimitação do território chamado Bixiga, visto que oficial e historicamente sua área não é a mesma daquela definida como Bela Vista (embora esteja inserido em seu território). Procedimentos semelhantes foram aplicados nas pesquisas de Dantas (2008) que utilizou esse método na dissertação sobre o bairro Vila Madalena – que extraoficial, está inserido no bairro paulistano de Pinheiros – e, Chimirra (2010) que solicitou aos sujeitos da pesquisa imagens produzidas por eles mesmos como forma de representação da região central da cidade de São Paulo, posteriormente aplicadas aos mapas, constituindo assim a interpretação desse espaço. Ambas as pesquisas trataram o método vinculando-o com o imaginário popular que referencia os limites físicos dos bairros em questão.

Ao final das entrevistas foi entregue a cada um dos entrevistados um mapa do bairro Bela Vista, nesse momento foi-lhes solicitado que marcassem, através da percepção individual, a área entendida como Bixiga.

Para compor o material empírico dessa pesquisa, foram realizadas pesquisas de campo nos logradouros do bairro (ruas, praças, becos, vilas) onde ocorrem desde uma conversa entre moradores até a mais populosa festa.

No quadro 13 destaca-se os locais e as datas das visitas a campo, bem como as manifestações observadas e a modalidade de registro. Nota-se que os sujeitos das entrevistas são aqueles que referenciam alguma das três manifestações elencadas para a análise – Festa da Achiropita, Bolo de aniversário e Ensaio da Escola de Samba Vai-Vai – e também, que foram aplicadas modalidades de registro diferentes para cada uma das manifestações, considerando somente a pertinência e contribuição para a composição da pesquisa.

Quadro 13: Relação das manifestações culturais e modalidade de registro

Local da visita	Manifestação	Data	Modalidade de Registro			
			Entrevista	Mapa	Fotografia	Caderno de campo
Concentração Bloco dos Esfarrapados - Rua 13 de maio	Bloco dos Esfarrapados / Carnaval	08/fev/16	Não	Não	Sim	Sim
Centro de Memória do Bixiga	Bolo de Aniversário de São Paulo	26/jun/15	Sim	Sim	Sim	Não
Bolo de aniversário de São Paulo - Av. Rui Barbosa		25/jan/16	Não	Não	Sim	Sim
Ensaio Escola de Samba Vai-Vai	Ensaio Escola de Samba Vai-Vai	17/fev/15	Não	Não	Sim	Não
Galpão Escola de Samba Vai-Vai		26/jul/16	Sim	Sim	Sim	Sim
Escadaria do Jazz - Escadaria Rua Fortaleza	Escadaria do Jazz	14/nov/15	Não	Não	Sim	Não
Escadaria do Jazz - Escadaria Rua Fortaleza		05/fev/16	Não	Não	Sim	Não
Canteiro Aberto - Vila Itororó	Espaço de Cultura	22/mar/16	Não	Não	Sim	Não
Casa Mestre Ananias - Rua Conselheiro Ramalho		28/jul/16	Não	Não	Sim	Não
Feira de Antiguidades - Praça Dom Orione	Feira de Antiguidades	22/mar/15	Não	Não	Sim	Não
Salão paroquial da Igreja Nossa Senhora Achiropita	Festa Achiropita	06/ago/15	Sim	Não	Sim	Sim
Festa Achiropita		02 e 08/ago/2015	Não	Não	Sim	Sim
Festa Achiropita		07 e 14/ago/2016	Não	Não	Sim	Não
Casa / Moradia	Memória do bairro	29/jun/16	Sim	Sim	Sim	Não

Fonte: o autor (2016)

Complementa e enriquece a pesquisa, materiais como depoimentos, entrevistas e/ou discursos promovidos pelos sujeitos, tratados de maneira que conviesse à colaboração de seu conteúdo.

REFERÊNCIAS

Artigos, Livros, Dissertações e Teses

ALBERTI, Verena. Law and narrative: a life history interview with a Brazilian jurist. In: *Paper presented at the 9th International Oral History Conference "Communicating Experience"*. 1996.

ALBERTI, Verena. *Manual de história oral.* 3 ed. Rio de Janeiro: Editora FGV, 2005.

ALVES, Alda Judith. A "revisão da bibliografia" em teses e dissertações. *Cadernos de Pesquisa 81*, 1992.

ALVES-MAZZOTTI, Alda Judith; GEWANDSZNAJDER, Fernando. *O método nas ciências naturais e sociais: pesquisa quantitativa e qualitativa.* São Paulo: Pioneira, 1998.

AMARAL, Rita de Cássia de Mello Peixoto. *Festa à brasileira.* Tese apresentada ao departamento de antropologia da Faculdade de Filosofia, Letras e Ciências Sociais da USP. São Paulo, 1998.

ARAUJO, Marivânia Conceição de. Trabalho de campo: uma aventura mais que antropológica. *Cadernos de Campo* (UNESP – Faculdade de Ciencias e Letras – Pós-graduação em Sociologia). Araraquara, n. 8, 2001.

AUGÉ, Marc. *Não-lugares.* São Paulo: Papirus Editora, 1994.

AZEVEDO, Amailton Magno. *A memória musical de Geraldo Filme: os sambas e as micros-Áfricas em São Paulo.* Tese

(Doutorado em História). Pontifícia Universidade Católica São Paulo, 2006.

BAPTISTA, Isabel. Lugares de hospitalidade. In: *Hospitalidade: reflexões e perspectivas*. São Paulo: Aleph, 2002.

BAPTISTA, Isabel. In: Para uma geografia de proximidade humana. *Revista Hospitalidade*, Ano II, n. 2, 2005.

BAPTISTA, Isabel. Hospitalidade e eleição intersubjetiva: sobre o espírito que guarda os lugares. *Revista Hospitalidade*, Ano V, n. 2, 2008.

BARDIN, Laurence. *Análise de conteúdo*. Lisboa: Edições 70, 1995.

BASTOS, Sênia Regina. Hospitalidade e história: a cidade de São Paulo em meados do século XIX. In: *Hospitalidade: cenários e oportunidades*. São Paulo: Thomson, 2003.

BASTOS, Sênia. Nosso Patrimônio Cultural: uma metodologia de pesquisa. *PASOS Revista de Turismo y Patrimonio Cultural*, v. 2, n. 2, p. 257-265, 2004.

BASTOS, Sênia. In: Hospitalidade: uma perspectiva para a requalificação do centro histórico de São Paulo. *Revista Hospitalidade*. Ano III, n. 2, p. 51-62, 2006.

BASTOS, Sênia. A cidade dos saberes: o patrimônio histórico cultural de São Paulo. *ANPUH – XXIV Simpósio Nacional de História* – São Leopoldo, 2007.

BAUER, Martin W.; GASKELL, George. Pesquisa qualitativa com texto, imagem e som: um manual prático. In: *Pesquisa qualitativa com texto, imagem e som: um manual prático*. Petrópolis: Vozes, 2010.

BOUTAUD, Jean Jacques. Comensalidade: compartilhar a mesa. In: MONTANDON, Alain. *O livro da hospitalidade: acolhida do estrangeiro na história e nas culturas*. São Paulo: Senac, p. 1213-1230, 2011.

BORGES, Rosangela. *Axé, madona Achiropita!: presença da cultura afro-brasileira nas celebrações da Igreja de Nossa Senhora Achiropita, em São Paulo*. São Carlos: Pedro & João Editores, 2013.

BOURDIEU, Pierre. *A ilusão biográfica. Usos & abusos da história oral*, v. 8, p. 183-191, 1996.

BOFF, Leonardo. Virtudes para um mundo possível. *Hospitalidade: direito e dever de todos*. Petrópolis: Vozes, 2005.

BRILLAT-SAVARIN, Jean-Anthelme. *A fisiologia do gosto*. São Paulo: Companhia das Letras, 1995.

BUENO, Marielys Siqueira. Lazer, festa, festejar. *Cultur: Revista de Cultura e Turismo*, p. 47-59, 2008.

BUENO, Marielys Siqueira. Carnaval, festa, espetáculo. *Revista Contribuciones a las Ciencias Sociales*, maio 2012.

CALABREZ, Flávia de Almeida. *Em busca da hospitalidade nas suas transformações urbanas: o bairro do Tatuapé-SP*. Dissertação (Mestrado em Hospitalidade). Universidade Anhembi Morumbi, 2015.

CAMARGO, Luiz Octávio de Lima. Os domínios da hospitalidade. *Hospitalidade: cenários e oportunidades*. São Paulo: Pioneira Thomson Learning, p. 7-28, 2003.

CAMARGO, Luiz Octávio de Lima. *Hospitalidade*. São Paulo: Aleph, 2004.

CAMARGO, Luiz Octávio. Os interstícios da hospitalidade. *Revista Hospitalidade*, p. 42-69, 2015.

CARVALHO, Yara Maria de. *A arte de fazer a vida melhor: narrativas dos que fazem a festa da Achiropita*. Tese (Doutorado em Saúde Pública). Campinas, UNICAMP, 1999.

CASTRO, Márcio Sampaio de. *Bexiga: um bairro afro-italiano*. São Paulo: Annablume, 2008.

CAVENAGHI, Airton José. Saudosa maloca e o patrimônio cultural imaterial constituído por Adoniran Barbosa. *Anais do XX Encontro Regional de História*, 2010.

CETRULO NETO, Francisco. Simmel: sociabilidade e sociedade moderna. In: *Sociabilidade: Espaço e Sociedade*. São Paulo: Grupo Editores, 1999.

CHIMIRRA, Vanessa Pinheiro. *A imagem do centro: hospitalidade e arquitetura na cidade de São Paulo*. Dissertação (Mestrado em Hospitalidade). Universidade Anhembi Morumbi, São Paulo, 2010.

CIRRINCIONE, Alessandra. *Brás, Bexiga/Bela Vista, Barra Funda: estudo antroponímico*. Dissertação Universidade de São Paulo, 2010.

COIMBRA, Maria C. C. *Nossa Senhora Achiropita no Bexiga: uma festa religiosa do catolicismo popular na cidade São Paulo*. Dissertação (Mestrado em Antropologia Social). Universidade de São Paulo, 1987.

COSTA, Ewerton Rubens Coelho. Comensalidad: La dádiva de la hospitalidad a través de la gastronomía. *Estudios y perspectivas en turismo*, v. 23, n. 3, p. 505-525, 2014.

CONPRESP, Conselho Nacional de Preservação do Patrimônio Histórico, Cultural e Ambiental da Cidade de São Paulo. *Resolução nº. 22/2002, 2002*. Disponível em: http://www.prefeitura.sp.gov.br/cidade/upload/49c99_22_T_Bairro_da_Bela_Vista.pdf. Acesso realizado em 10/06/2016.

DAMATTA, Roberto. *A casa e a rua. Espaço, cidadania, mulher e morte no Brasil*. Rio de Janeiro: Rocco, 1997.

DENCKER, Ada de Freitas Manetti.; DA VIÁ, Sarah Chucid. Pesquisa como base a construção teórica no campo do turismo e da hospitalidade. *Revista Hospitalidade*, p. 55-67, 2005.

DIAS, Célia Maria de Moraes et al. *Hospitalidade: reflexões e perspectivas.* São Paulo: Aleph, 2002.

DICK, Maria Vicentina de Paula do Amaral. Memória Popular Armandinho do Bixiga. *Revista do Instituto de Estudos Brasileiros*, n. 38, p. 182-201, 1995.

FERNANDES, Antonio Teixeira. Ritualização da comensalidade. *Sociologia: Revista da Faculdade de Letras do Porto*, v. 7, n. 8, p. 7-30, 1997.

FERNANDES, Florestan. *A integração do negro na sociedade de classes: ensaio de interpretação sociológica.* Vol. I. Rio de Janeiro: Globo Livros, 2008.

FERRAZ, Valéria de Souza. *Hospitalidade urbana em grandes cidades. São Paulo em foco.* Tese (Doutorado em Arquitetura e Urbanismo). Universidade de São Paulo. São Paulo, 2013.

FERREIRA JUNIOR, Silvio Pinto. *Festas "italianas" em São Paulo e a proteção do patrimônio imaterial: a identidade de grupo no contexto da diversidade.* Tese (Doutorado em Ciências Sociais). Pontifícia Universidade Católica de São Paulo. São Paulo, 2009.

FREITAS, Sônia Maria de. *História oral: possibilidades e procedimentos.* São Paulo: Editora Humanitas, 2006.

FRÚGOLI JR, Heitor. *São Paulo: espaços públicos e interação social.* São Paulo: Marco Zero, 1995.

FRÚGOLI JR, Heitor. *Centralidade em São Paulo: trajetórias, conflitos e negociações na metrópole.* São Paulo: EdUSP, 2006.

FRÚGOLI JR, Heitor. *Sociabilidade urbana.* Rio de Janeiro: Zahar, 2007.

GRASSI, Marie-Claire. Banquetes públicos: redes de sociabilidade no mundo. In: MONTANDON, Alain. *O livro da hospitalidade: acolhida do estrangeiro na história e nas culturas.* São Paulo: Editora Senac, p. 1195-1212, 2011.

GRINOVER, Lúcio. A hospitalidade na perspectiva do espaço urbano. *Revista Hospitalidade*, v. 6, n. 1, p. 4-16, 2009.

GRINOVER, Lúcio. Hospitalidade, qualidade de vida, cidadania, urbanidade: novas e velhas categorias para a compreensão da hospitalidade urbana. *Revista Iberoamericana de Turismo - RITUR*, Penedo, vol. 3, n.1, 2013.

GRINOVER, Lúcio. *A cidade à procura da hospitalidade*. São Paulo: Aleph, 2016.

GUZZO, Maria Auxiliadora Dias. A habitação popular em São Paulo entre 1890 e 1940. In: *Revista do Arquivo Municipal*, Arquivo Histórico de São Paulo, n. 205, p. 59-74, 2014.

HALL, Stuart. *Da diáspora: identidades e mediações culturais*. Editora UFMG, 2006.

HOBSBAWM, Eric; RANGER, Terence. *A invenção das tradições*. Rio de Janeiro: Paz e Terra, 1997.

IKEDA, Alberto T.; PELLEGRINI FILHO, Américo. Celebrações populares paulistas: do sagrado ao profano. In: *Manifestações artísticas e celebrações populares no estado de São Paulo*. São Paulo: CENPEC, 2004.

INNERARITY, Daniel. Ética de la hospitalidad. Barcelona, ES: Quinteto, 2008.

LAKATOS, Eva Maria; MARCONI, Marina de Andrade. Fundamentos da metodologia científica. In: *Fundamentos da metodologia científica*. Altas, 2010.

LANNA, Ana Lucia Duarte. In: *O Bexiga e os italianos em São Paulo 1890/1920. São Paulo, os estrangeiros e a construção das cidades*. São Paulo: Alameda Editorial, 2011.

LASHLEY, Conrad; MORRISON, Alison (orgs.). *Em busca da hospitalidade: perspectivas para um mundo globalizado*. Barueri: Manole, 2004.

LE GOFF, Jacques. *Por amor às cidades*. São Paulo: Unesp, 1998.

LE GOFF, Jacques. *História e Memória*. Tradução Bernardo Leitão. Campinas: Editora da Unicamp, 1990.

LUCENA, Célia Toledo. *Bixiga, amore mio!* São Paulo: Editora Pannartz, 1983.

LUCENA, Célia Toledo. *Bairro do Bexiga. A sobrevivência cultural*. São Paulo: Brasiliense, 1984.

LUCENA, Célia Toledo. *Bixiga Revisitado*. São Paulo: Ibrasa, 2013.

MACHADO, António de Alcântara. *Brás, Bexiga e Barra Funda*. São Paulo: Editora Facsimilar, 1982.

MAGNANI, José Guilherme. Quando o campo é a cidade: fazendo etnografia na metrópole. *Na metrópole: textos de antropologia urbana*. São Paulo: FAPESP, 2000.

MONTANDON, Alain. *O livro da hospitalidade: acolhida do estrangeiro*. São Paulo: Editora Senac, 2011.

MARZOLA, Nádia. *Bela Vista: História dos Bairros de São Paulo*. São Paulo: Departamento de Patrimônio Histórico, 1985.

MORENO, Júlio; PUGLISI, Armando. *Memórias de Armandinho do Bixiga*. Editora Senac: São Paulo, 1996.

NASCIMENTO, Larissa. Entre Sambas e Rezas: vivências, negociações e ressignificações da cultura afro-brasileira no Bexiga. *Revista Áskesis*, v. 4, n. 2, p. 103, 2015.

NOGUEIRA, André Martins. High Line Park e Elevado Costa e Silva: Abordagem Similar, Realidades Distintas. *Revista Nacional de Gerenciamento de Cidades*, v. 3, n. 21, 2015.

NORA, Pierre. Entre memória e história: a problemática dos lugares. *Projeto História. Revista do Programa de Estudos Pós-Graduados de História*. Tradução: Yara Aun Khoury, v. 10, 1993.

OLIVA, Jaime Tadeu et al. A cidade como ator social. A força da urbanidade. *Dilemas Urbanos. Novas abordagens sobre a cidade.* São Paulo: Contexto, 2003.

OLIVEIRA, Rosenilton Silva de. *Orixás: a manifestação cultural de Deus-uma análise das liturgias católicas inculturadas.* Tese (Doutorado em Antropologia). Universidade de São Paulo, 2011.

PORTELLI, Alessandro. Tentando aprender um pouquinho: algumas reflexões sobre a ética na história oral. *Projeto História. Revista do Programa de Estudos Pós-Graduados de História.* v. 15, 1997(a).

PORTELLI, Alessandro et al. O que faz a história oral diferente. *Projeto História. Revista do Programa de Estudos Pós-Graduados de História*, v. 14, 1997(b).

PORTELLI, Alessandro et al. História oral como gênero. *Projeto História. Revista do Programa de Estudos Pós-Graduados de História*, v. 22, 2001.

PAOLI, Maria Cecília; DUARTE, Adriano. In: São Paulo no plural: espaço público e redes de sociabilidade. PORTA, Paula (org.). *História da Cidade de São Paulo v. 3: a cidade na primeira metade do século XX*. São Paulo: Paz e Terra, 2004.

POPPER, Karl. *A lógica da pesquisa científica.* Tradução de Leônidas Hegenberg e Octanny Silveira da Mota. São Paulo: Cultrix, 2007.

RAFFESTIN, Claude. Réinventer l'hospitalité. *Communications.* Paris: Editions du Seuil, n. 65, p. 165-174, 1997. Tradução: Maryelis Siqueira Bueno, 2008.

REIS FILHO, Nestor Goulart. *São Paulo e outras cidades: produção social e degradação dos espaços urbanos.* São Paulo: Ed. Hucitec, 1994.

REIS FILHO, Nestor Goulart. *São Paulo, vila cidade metrópole.* Brasília: Ministério da Cultura, 2004.

RIBEIRO, Darcy. *O povo brasileiro: a formação e o sentido do Brasil.* São Paulo: Cia. das Letras, 1995.

ROCHA, Décio; DEUSDARÁ, Bruno. Análise de conteúdo e análise do discurso: o linguístico e seu entorno. *Revista Delta*, v. 22, n. 1, p. 29-52, 2006.

ROCHA, Ilana Peliciari. *Imigração internacional em São Paulo: retorno e reemigração, 1890-1920.* Tese (Doutorado em História). Universidade de São Paulo, 2007.

ROLNIK, Raquel. *A cidade e a lei: legislação, política urbana e territórios na cidade de São Paulo.* São Paulo: Studio Nobel, 1997.

SANTOS, Antônio Raimundo dos. *Metodologia científica: a produção do conhecimento.* Rio de Janeiro: DP&A, 2002.

SANTOS, Lúcia Oliveira da Silveira. *São Paulo dá samba: uma visão da hospitalidade paulistana por meio do olhar de Adoniran Barbosa.* Dissertação (Mestrado em Hospitalidade). Universidade Anhembi Morumbi – São Paulo, 2006.

SANTOS, Ubirajara Rosa. *Uma leitura geográfica da gastronomia da cidade de São Paulo: paisagens e identidades gastronômicas do Bexiga e da Vila Madalena.* Tese (Doutorado em Geografia). Pontifícia Universidade Católica – São Paulo, 2010.

SCARLATO, Francisco Capuano. Estrutura e sobrevivência dos cortiços no bairro bexiga. *Revista do Departamento de Geografia*, v. 9, p. 117-127, 2011.

SELWYN, Tom. Uma antropologia da hospitalidade. In: LASHLEY, Conrad; MORRISON, Alison (org.). *Em busca da hospitalidade: perspectivas para um mundo globalizado.* Barueri: Manole, 2004.

SEVERINI, Valéria Ferraz. Hospitalidade urbana: ampliando o conceito. *RITUR-Revista Iberoamericana de Turismo*, v. 3, n. 2, p. 84-99, 2014.

SIMMEL, Georg. *Sociabilidade*. São Paulo: Ática, 1983.

SIMMEL, Georg. Sociologia da refeição (tradução). *Revista Estudos Históricos*, v. 1, n. 33, p. 159-166, 2004.

STOLCKE, Verena. *Cafeicultura: homens, mulheres e capital (1850-1980)*. São Paulo: Brasiliense, 1986.

TOLEDO, Roberto Pompeu de. *A capital da solidão: uma história de São Paulo das origens a 1900*. São Paulo: Objetiva, 2003.

THOMPSON, Paul. *A voz do passado: história oral*. Tradução de Lólio Lourenço de Oliveira. São Paulo: Paz e Terra, 1992.

THOMPSON, Paul. História Oral e Contemporaneidade. Trad. Andréa Zhouri e Lígia Maria Leite Pereira. *Revista História Oral*, p. 8-29, 2002.

TRENTO, Angelo. *Do outro lado do Atlântico: um século de imigração italiana no Brasil*. Barueri: Studio Nobel, 1989.

WILLIAMS, Raymond. *Cultura e Sociedade: 1780-1950* (Trad. de Leônidas HB Hegenberg; Octanny Silveira da Mota; e Anísio Teixeira), São Paulo: Editora Nacional, 1969.

Sites

Documento de tombamento Bairro do Bixiga CONPRESP. Disponível em: http://www.prefeitura.sp.gov.br/cidade/upload/49c99_22_T_Bairro_da_Bela_Vista.pdf. Acesso realizado em: 22/02/2016.

Reportagem da Secretaria Executiva de Comunicação da Prefeitura Municipal de São Paulo Disponível em: http://capital.sp.gov.br/portal/noticia/6039#ad-image-0. Acesso realizado em: 26/06/2016.

Reportagem da Secretaria Executiva de Comunicação da Prefeitura Municipal de São Paulo. Disponível em: http://capital.sp.gov.br/portal/noticia/6039#ad-image-0. Acesso realizado em: 26/06/2016.

REPÓRTER, GLOBO. Invenção cria proximidade entre vizinhos em Bologna, na Itália. Edição de 27/05/16. Disponível em: http://globoplay.globo.com/v/5054818/. Acesso realizado em: 31/05/2016.

IBGE. Censo Populacional Município de São Paulo 2010. Disponível em: Ou http://www.ibge.gov.br/home/estatistica/populacao/censo2010/caracteristicas_da_populacao/caracteristicas_da_populacao_tab_municipios_zip_xls.shtm. Acesso realizado em: 16/07/2016.

FONTES - Entrevistas

Entrevistados(as) 1, 2 e 3, 26 de junho de 2015. Mídia: 1 arquivo m4a - 1h03min51seg.

Entrevistada 4, 06 de agosto de 2015. Mídia: 1 arquivo m4a - 1h06min47seg.

Entrevistado 5, 29 de junho de 2016. Mídia: 1 arquivo m4a - 2h00min29seg.

Entrevistados(as) 6 e 7, 26 de julho de 2016. Mídia: 2 arquivos m4a - 1h40min30seg e 26min51seg.

Alameda nas redes sociais:
Site: www.alamedaeditorial.com.br
Facebook.com/alamedaeditorial/
Twitter.com/editoraalameda
Instagram.com/editora_alameda/

Esta obra foi impressa em São Paulo no verão de 2021. No texto foi utilizada a fonte Minion Pro em corpo 10,5 e entrelinha de 15 pontos.